U0925199

学创业家思考，学总裁行动

重塑职业生涯必知的50个技巧

[美]贝弗利·E·琼斯（Beverly E. Jones）◎著
王育伟◎译

THINK LIKE AN ENTREPRENEUR, ACT LIKE A CEO

50 INDISPENSABLE TIPS TO HELP YOU STAY AFLOAT, BOUNCE BACK, AND GET AHEAD AT WORK

中信出版集团 · CHINACITICPRESS · 北京

图书在版编目（CIP）数据

学创业家思考，学总裁行动：重塑职业生涯必知的50个技巧/（美）贝弗利·琼斯著；王育伟译. --北京：中信出版社，2016.9

书名原文：Think Like an Entrepreneur, Act Like a CEO:50 Indispensable Tips to Help You Stay Afloat,Bounce Back,and Get Ahead at Work

ISBN 978-7-5086-6662-4

Ⅰ.①学… Ⅱ.①贝… ②王… Ⅲ.①企业管理 Ⅳ.①F272

中国版本图书馆CIP数据核字（2016）第210684号

Think Like an Entrepreneur, Act Like a CEO: 50 Indispensable Tips to Help You Stay Afloat, Bounce Back, and Get Ahead at Work by Beverly E. Jones. Original English language edition published by The Career Press, Inc., 12 Parish Drive, Wayne, NJ 07470, USA. All rights reserved.

Copyright © 2016 Beverly E. Jones

Simplified Chinese translation copyright © 2016 by CITIC Press Corporation

All Rights Reserved.

仅限中国大陆地区发行销售

学创业家思考，学总裁行动：重塑职业生涯必知的50个技巧

著　　者：［美］贝弗利·琼斯

译　　者：王育伟

策划推广：中信出版社（China CITIC Press）

出版发行：中信出版集团股份有限公司

（北京市朝阳区惠新东街甲4号富盛大厦2座　邮编　100029）

（CITIC Publishing Group）

承 印 者：北京通州皇家印刷厂

开　　本：880mm×1230mm　1/32　　印　　张：9　　字　　数：148千字

版　　次：2016年9月第1版　　印　　次：2016年9月第1次印刷

京权图字：01-2016-6368　　广告经营许可证：京朝工商广字第8087号

书　　号：ISBN 978-7-5086-6662-4

定　　价：49.00元

版权所有·侵权必究

凡购本社图书，如有缺页、倒页、脱页，由销售部门负责退换。

服务热线：400-600-8099

投稿邮箱：author@citicpub.com

对本书的赞誉

〔PRAISE FOR THE BOOK〕

贝弗利满脑子的创意和灵感，她是当之无愧的职业生涯咨询师。她深谙鼓励和教育的艺术，时而循循善诱，时而当头棒喝。但不管采用什么办法，她都能引导人们走上自己理想的职业发展道路。她鼓励人们无论选择什么职业，都要尽力做到最好。她还指导人们寻找人生的第二职业，甚至第三职业。她的人生哲学是“永不言晚”。

——托马斯·霍德森（Thomas Hodson）

俄亥俄大学斯克利普斯传播学院传媒学教授

WOUB公共媒体网站总经理

贝弗利是一名了不起的女性，她传授的学识和专业技能让我更加胜任经理一职，也让我变得更优秀。这本书也能让你脱胎换骨。

——阿琳·利兰（Arlean Leland）

美国农业部劳动和就业法及民事权利副总顾问

翻阅贝弗利·琼斯的职业生涯指导书，就像身旁坐着一位睿智的职业规划导师，她以权威但又温柔的语气向你传授有钱也买不来的建议，让你活学活用。这是一种风轻云淡般的愉悦。

——艾拉·夏勒夫（Ira Chaleff）

《勇敢的追随者》（*The Courageous Follower*）和

《睿智的抗拒》（*Intelligent Disobedience*）作者

贝弗利是一名了不起的导师，她不仅向客户传授领导艺术和管理技能，还让我们知道职场的真谛不仅仅是取得成功。她告诉我们如果我们照顾自己、关爱自己的健康和家人，而且能在这个过程中帮助他人，我们的生活会变得更加充实、完整和富有意义。她在这本力作中向广大读者传授了见解深刻的职场经验，老少咸宜，当然也适合你。

——谢里·利特尔（Sherry Little）

联邦公共交通管理局前代理局长

斯巴达咨询公司合伙人兼共同创始人

职场导师贝弗利·琼斯将教会你如何处理工作中的烦恼，学会改变，更重要的是，指导你找到心仪且合适的职业。

——理查德·艾森伯格（Richard Eisenberg）

Nextavenue.org 工作与目标专栏编辑

贝弗利既是一名专业导师，也是一名优秀教师，她能把学术研究成果转化成非常实用的忠告。这本书中的建议很有见地，让人读来非常兴奋。

——马克·温伯格（Mark Weinberg）博士

俄亥俄大学沃伊诺维奇领导力与公共事务学院创始院长

贝弗利是一名优秀的职业生涯规划师，这本书的每一页都写满了真知灼见，有的是她在自己的开创性职业生涯中获得的感悟，有的是她在为成百上千的客户提供领导力管理和职业指导过程中总结出来的经验。无论你是客户还是职业生涯规划师，读一读这本书吧，它就像一眼清冽的甘泉，汩汩地冒着忠告和灵感。

——戴维·戈尔德贝尔格（Dave Goldberg）

ThreeJoy.com 总裁

《全新工程师》（*A Whole New Engineer*）合著作者

贝弗利的这本书中充满了实用的见解和建议，这都是她几十年从业经验的总结。她的观点实用而又有深度，她的意见对于新入行的执业律师、准备进入决策层的政府和企业律师而言，都是无价之宝。她睿智的忠告和指导将帮助他们更好地把握未来。

——迈克尔·J·齐默（Michael J. Zimmer）

美国律师协会能源委员会和环境委员会主席（高级律师）

谨以此书献给我的母亲洛娜·琼斯（Lorna Jones），

她年届95岁高龄，仍在不断创造艺术生涯的新辉煌。

致谢

〔ACKNOWLEDGMENTS〕

非常感谢我的丈夫安迪·亚历山大（Andy Alexander）对我的支持。当然，身边有这么一位专家级编辑也让我受益匪浅。他看完这本书中的每一个字后向我竖起了大拇指，这让我信心倍增。不仅如此，我们俩还一直共同探讨职业问题，我非常感谢他多年来对我写这本书倾注的关心和支持。

同时，非常感谢我的好友克丽·汉农（Kerry Hannon），她经常做我的"参谋"，给我出谋划策，她为这本书写了序言，并分享了她撰写《热爱你的工作：职场幸福新规则》（*Love Your Job: The New Rules for Career Happiness*）一书的心得。克丽让我看到写书也可以趣味横生，并没有想象的那么难，然后她教我如何写书。克丽还向我引荐了从事自由职业的编辑德布拉·英格兰德（Debra Englander），德布拉又向我推荐了我现在的经纪人，并对我的初稿做了编辑。论写书，我是新手，需要很多指导，克丽和德布拉帮我坚持目标，勇往直前。

能有幸得到才华横溢的专业人士的指点，心里的美妙感觉是难以言喻的。我的经纪人是Second City出版服务公司的辛西娅·齐格曼（Cynthia Zigman），她为人可靠直爽，能力出众，能和她合作是我的荣幸。辛西娅，谢谢你陪我坚持到底，完成了这本书的撰写工作，我已经在筹划着写第二本书了。

我要感谢我的家人、朋友和同事这些年来对我的鼓励，虽然有时候这种鼓励只是最友善的唠叨，要不是你们，我也许至今还没写完这本书。要感谢的人太多，限于篇幅，实在无法在此一一列出。我尤其要感谢艾拉·夏勒夫、鲍勃·迪恩斯（Bob Deans）、埃米莉·埃米特（Emily Emmett）和梅里·福雷斯塔（Merry Foresta），他们不辞辛劳，阅读了我早期的出书计划，然后鼓励我继续向前推进。我还要感谢谢里·利特尔、安德莉亚·威尔金森（Andrea Wilkinson）、盖尔·威廉姆斯–拜尔斯（Gayle Williams-Byers）、布鲁斯·琼斯（Bruce Jones）和姐姐莉比·维克（Libby Vick）一直为我鼓气。

俄亥俄大学（Ohio University）就坐落在我的故乡，也是我的继续教育中心。我衷心感谢那里很多朋友的支持与热情相待，包括简·霍德森（Jan Hodson）和汤姆·霍德森（Tom Hodson），以及汤姆在斯克利普斯传播学院（the Scripps College of Communication）的很多同事和校友；马克·温伯格和他在沃伊诺维奇领导力与公共事务学院（the Voinovich School of Leadership and Public Affairs）的团队；布莱克本（JR Blackburn）、安·布朗（Ann Brown）、苏·齐基（Sue Chiki）和俄亥俄大学女性社团的成员。

我在本书中引用了很多来自客户的案例，在此我都用了化名，所有案例也都做了调整，以隐去他们的个人信息。也许当你读到某个部分时，你知道我在说你。非常感谢你们给我的电子杂志、博客和本书相关章节提供的建议。感谢你们这些年来对我这本书和其他项目所给予的关注和热情支持。

最后，感谢Career出版社的信任和专业合作。

序言

〔FOREWORD〕

每当我听到人们抱怨工作或上司不怎么好时，我真想喝止：别扯那些没用的！行动起来，不要总是一副受气包的样子。

在专著、专栏及全国发表的演讲中，我为不同年龄段的职场人士提出了很多职业建议。我始终强调，要学会在日常工作中寻找意义和幸福感，要认为自己很重要，并努力发挥影响。

我为人们提供的职业建议包罗万象，有的是帮助人们如何在目前的岗位上充分发挥才能；有的是如何通过战略规划成功实现职业转型；有的是帮助失业的人们制定对策，重新找到理想的工作；还有的是教人们在退休后找到兼职工作，赚取收入，以加强经济保障。

有时，只要稍微改变工作方式，或改变自己看待工作的视角，我们就能拨开云雾见天日。

无论我们处在职业生涯的哪个阶段，我们都会遇到难缠的上司，都会感觉升职无望、人生卡壳，也都会感到难以找到工作与生活的平衡点，百无聊赖，筋疲力尽。

近10年来，我非常敬佩Clearways 咨询公司的职场规划专家贝弗利·琼斯。这些年来，我写完很多书和专栏后都向她讨教过。

每当我探讨职业发展和职场问题——尤其是有关50岁以上从业者的职场问题时，我都会请她给我参谋一番，指点一二。

琼斯的建议非常实用，直截了当，而且切实可行。从颇具深度的心路探索到看似毫不起眼儿的行为改变（比如整理办公室），她的建议总能帮助人们顺利走出困境。

贝弗利·琼斯知识渊博，向客户提供的咨询意见都非常到位，她信奉的一条基本原则是“你的职业你做主”。她的新书《学创业家思考，学总裁行动》是一部令人茅塞顿开的力作。她把自己简明扼要的建议汇集成书，激发我们心中的希望，帮助我们在职场走得更远。

当你调整心态，事事都学会检视自我，学创业家思考，而不是把自己看作机器上的一颗螺丝钉的时候，你就成了自己命运的主人。你应该把自己的职业看作只有一个人的公司来经营。要接受这样的事实：除了靠自己打理，没人会来帮你。“我们在职场上的种种抑郁不快大都是无力感造成的。”琼斯说。通过改变自己的心态，不仅可以驾驭职场上的挑战，而且即使去找新工作，也能做到十拿九稳。

背后的原因很简单：从创业家的视角看问题，会让你信心百倍、昂首阔步地向前走，并自主地做出选择。

这种心态很管用。我小的时候，父亲开了一家公司，他鼓励我像创业家那样思考，并在全职工作之余，寻找兼职工作机会。因此，我向来行事利索，工作上很少依赖某个上司，心理上也是如此。

我学会了把我的工作单位看作自己的“客户”，于是整个心态变得非常轻松，这使我在职业道路上游刃有余，即使遭遇磕磕碰碰，也能坦然面对。琼斯在这本书中教我们如何应对职场上的种种有形困难，以事实告诉我们，只要调整好自己的心态，去适应外部环境，就能在工作与生活中找到快乐，实现成功。

“每天一小步，朝着既定的目标迈进，”她鼓励道，“一旦明确了自己的奋斗目标，就一步一步地朝着这个方向前进，一切都会水到渠成。”

琼斯的口头禅是：从小事做起，贵在坚持。

俗话说得好，千里之行，始于足下。

《学创业家思考，学总裁行动》这本书有助于你启动事业生涯，提升职场的幸福感。书中所提供的建议和工具将帮助你学会通过巧妙的办法控制、把握自己的职业发展方向。

克丽·汉农

《五十岁以后的理想职业》（*Great Jobs for Everyone 50+*）和

《热爱你的工作：职场幸福新规则》（*Love Your Job: The New Rules for Career Happiness*）的作者

THINK
LIKE AN ENTREPRENEUR,
ACT LIKE A CEO
50 Indispensable Tips to Help You
Stay Afloat, Bounce Back, and Get
Ahead at work

目录
〔CONTENTS〕

引言

作为一名高级主管培训师，我知道通向职业成功的道路已今非昔比。从很多方面来看，这是一件好事。如今，职场上的发展机会比以往任何时候都多，但要从成功的职业生涯中获得物质和精神享受，就必须知道如何获取相关必备技能，如何在遇到突发情况时调整自己，以及如何从容应对挑战。

几十年来，我一直与颇有建树的专业人员打交道。我认识到，我们永远无法预测自己职业道路的走向，但是可以做好准备，可以学习职场的巧妙策略，同时慢慢培养成功所必备的品质。

在20世纪的大部分时间里，人们对职场成功的定义似乎是选择正确的晋升通道，然后熬到底。专业人员似乎应该对自己的企业忠心耿耿，并遵从企业的价值观。作为回报，大企业会给他们提供“铁饭碗”。

如今，要是有人一辈子只待在一家单位，任劳任怨地重复同样的工作，一定会让人觉得不可思议。一个人在职业生涯中，应经历不同的阶段，接触各种关系，学习不同的专业技能，发生脱胎换骨的变化。

在职业生涯中，你很可能会从事多份工作，有的是长期的全职工作，有的是短期的自由职业。有时，你甚至会同时从事多份工作或进行多个业务。有时，你的职业生涯也许不完全由有偿工作组成，比如重返学校“充电”，做志愿者或做研究员探索新的发展方向，而你的专业发展不会因此而中断。

在不断更换工作的过程中，你也许会发现职场文化差异很大，工作比以往任何时候都更难驾驭。例如，有的工作对着装没有要求，作息时间非常灵活，层级关系比较松散。乍看上去，一切都并非那么一板一眼，但没过多久，你就发现公司的关系网非常复杂，必须慢慢参透；上级对你的绩效预期非常高，但从不点透。

整个“职业生涯”的概念与20世纪相比简直是天壤之别。当我谈起你的“职业生涯”时，我想到的不只是你在办公室里做什么。你的职业生涯与你今后的人生没有太多区别，职业生涯包括你为保持积极状态——你的身心、情感和社会状态，为胜任工作而做的一切。比如，你的职业生涯包括你的学习经历，从读书到结交各种朋友，甚至包括外出度假、参加社区活动。

“专业人士”是另一个内涵发生了变化的词。传统意义上的专业人士包括医生、律师、建筑师及其他经过专门教育，获得从业许可且薪酬相对较高的专家。但现在，一个人只要兢兢业业地从事有意义、有挑战的工作，就算是专业人士。如今，从IT（信息技术）行业到烹饪，行行业业都出专业人士，他们都在努力培养自己的专业技能，保持较高的道德标准。

对于现代专业人士而言，虽然参加工作仍是获取报酬的手段，但他们工作已经不仅仅是为了报酬，他们希望在工作中找到人生的意义和乐趣，让自己的人生更为充实与富足。

你们的父辈要想从专业工作中实现梦想，就必须对自己的单位忠心耿耿。而你们要想让职业生涯丰富多彩，就必须学会不断调整自己，保持职业弹性。

适应能力强的专业人士能够摆脱工作任务、上司或客户的束缚，尝试通过新的策略实现自己的梦想。他们愿意变通，随着他们不断提高业绩或与同事建立起更牢固的关系，他们更加乐于尝试新办法。

所谓职业弹性，是指能够预判风险，乐见变革。具备职业弹性的人能在动荡期将损失降至最低，知道如何承受巨大的冲击，如何重新调整自己，并在最坏的情况下重新振作起来。职业弹性是一种能力，在经受挫折后能坦然面对，信心满满；在挑战接踵而来时，能斗志昂扬。我们所处的时代瞬息万变，只有具备一定的弹性，才能走好我们的职业道路。

我关注过成百上千个具有超强适应能力和职业弹性的专业人士，据我观察，无论他们从事什么行业，他们都能像创业家一样思考问题。他们充满好奇心，思路开阔，善于发现新趋势，并将其变成自己的机遇。他们不会抵触新事物，不会纠结于过去。面对挑战，他们兵来将挡，水来土掩，逐个应对，一直把目标定位在将来。他们不停地学习，不断地建立社交网络；他们开放地接纳新观点，而且愿意持之以恒地培养社交、技术和管理方面的技能。

此外，从长期来看，最成功的专业人士的行事作风都像精明的高级管理者。他们敢于承担责任，总是未雨绸缪。他们愿意和同事分享荣誉，哪里出了问题，他们都能快速地予以解决。他们对自己的价值观体系了如指掌，并以此作为自己的行为准则。他们善于倾听，助人为乐，愿意成就别人。

适应能力和职业弹性并非生而有之

适应能力强的人并非生来就具备善于变通、百折不挠、勇往直前的天赋。通常情况下，他们和一般人并无二致，只是他们慢慢习得了各种行为、态度和工作方式，不断提高自身的适应能力。

我自己就是个很好的例子。我骨子里属于那种杞人忧天、惧怕风险的人，但这些年来的历练让我学会了变通。20岁的时候，我只想得到一个让我一辈子衣食无忧的铁饭碗。但现在回头看来，我一次又一次地彻底改变了自己的职业生涯。

进入俄亥俄大学后，我开始学习新闻学，并打算毕业后当一名记者。当时爆发了倡议男女平等的学生运动，我毅然加入，职业生涯规划也随之发生改变，毕业后，我留在俄亥俄大学从事行政工作。然后，我成了俄亥俄大学工商管理硕士班的第一个女学生。最终，我负责重审本校的就业管理措施，并制订了俄亥俄大学有史以来首个平权行动计划。

之后，我前往乔治敦大学（Georgetown University）法律中心担任律师，走上了一条稳定的职业发展道路。随后，我又在美国证券交易委员会（the Securities and Exchange Commission）工作了一段时间；后来，我在华盛顿多次跳槽，换了好几家律师事务所。我发现，在私营律师事务所里，律师必须是创业家才能获得成功。女性要想建立自己的客户群并走上领导岗位尤其困难，若干年的律师从业生涯教会我很多东西，让我知道如何振作起来，勇往直前。

最终，我最大的客户——世界500强企业之一的美国压缩天然气公司（Consolidated Natural Gas Company，简称CNG）聘请我担任其公共事务和政策部的负责人。该公司的管理层人人正直，管理有方。我非常喜欢这份工作，而且在处理很多问题的过程中获得了巨大的成就感，如发展替代能源项目。

我当时认为，美国压缩天然气公司为我提供了铁饭碗，但好景不长，该公司被收购，我的工作也在一夜之间化为乌有，人生计划随之改变。我本人并没有什么损失，因为作为一名企业高管，我得到了一笔不菲的解雇补偿金，而且我的心态也更成熟了，我已经不再需要一份稳定的工作。我决定继续追求自己最喜欢做的事，并把它变成自己的新事业。

我意识到，在我做过的所有工作中，最让我乐此不疲的还是指导年轻同事，帮助他们慢慢走上领导岗位。于是，我又重返校园进行“充电”，包括参加乔治敦大学领导力培训项目。如今十几年过去了，我一直担任企业高管培训师、咨询师，在全国各地进行演讲。我给成千上万的客户做过咨询，下至大学毕业生和年轻的专业人士，上至政府、学术界和企业界的高层领导。

我让客户无须走太多弯路，就能更加胜任自己的工作。我手把手地指导他们像创业家一样思考，像总裁一样行事。我的指导经验表明，我们完全可以积极顺应变化，同时掌握各种职场策略，让自己的职业生涯一帆风顺。

如何像创业家一样思考，像总裁一样行动

也许你觉得自己空有职业梦想，而不具备创造这种职业生涯所需的能力、方向或能量；也许你从不觉得改变现状是容易的。但当你应对一个个挑战后，就能掌握更多的职场策略，变得善于像创业家一样思考，像总裁一样行动。当你从困境中顺利脱身，取得成功后，信心会随之提高，在职场上也会变得更有韧性。

本书是一本实用指南，旨在帮助你在职场上穿梭自如，教会你如何逐一克服普遍存在的困境，把握机遇，增加职业弹性。虽然本书借鉴了最新研究成果，并采纳了专家的建议，但它不是理论专著或学术研究论文。虽然书中也记录了我本人、我的朋友及客户的经历，但这本书最终还是为你而写的。

每一章都针对那些让你夜不能寐的职场问题提供了简明实用的应对策略。这些详细策略将教你：

1．应对具体的职场挑战

本书共分50章，每一章都会教你如何应对棘手的职场挑

战，并针对具体问题提出了实用的应对办法，包括如何巧妙地回应上司的赞扬，如何在升迁受阻时坦然面对，如何在完成大项目后缓解随之而来的失落感。在你逐一应对这类挑战的过程中，你的职场生存技能也会逐渐提高。你将能更加娴熟地调整节奏，锐意进取。随着时间的推移，你在职场上将变得更有“弹性”。

2. 建立适合自己的调整流程

要提高职场适应能力，最重要的是在需要做出职业调整时，以自己最舒适的方式果断采取行动。如果你感觉换个工作非常困难，那么你更应该看看这本书。本书将帮助你不断提高自己的能力，以恰当分析职场问题，寻找继续前进的道路。所有章节将鼓励你展望今后取得成功的方式，教你制订行动计划，然后朝着这个目标前进。当你掌握了简单而可靠的办法，能够处理各种问题并做出改变时，任何职场挑战也就几乎不能称之为挑战了。

这么多年来，我向无数客户传授了这些策略，因此我知道它们都是切实有用的。每一章教你如何处理一个迫在眉睫的难题，同时帮你培养各种技能和意识，让你在职业道路上势不可挡。无论你详细阅读所有章节，还是有选择性地阅读与自己相关的章节，我都希望你掌握职场要领，获得职业自由。

本书中列出了很多真人真事。有时候，尤其当谈及某个客户的时候，我会对客户的个人资料做一些调整，这是为了保护他们的隐私。我在所提到的客户名字旁边加了一个星号，以提醒大家我已经更换了当事人的姓名和个人信息。

多年来的经验告诉我，你完全可以创造自己想要的职业生涯，我写这本书就是要帮助你在自己喜欢和满意的工作岗位上取得成功。

1

求变化有赖于好计划

你的职业生涯漫长而多变，你很可能会从事多个工作，也会多次站到新的起点上。根据美国劳工统计局（the U.S. Bureau of Labor Statistics）的数据，2014年，美国人连续从事一份工作的平均时间为4.6年。即使你在当前岗位上的任职时间超过4.6年，你的职务也会发生变化——你会承担新项目，接触新客户或新任务，你所在的单位也在不断地发生变化。

我最糟糕的入职第一天教会了我什么

我最糟糕的入职第一天距离现在已经有30年，但那天发生的事情仍历历在目。那时，我已经毕业若干年，在华盛顿找到了一份新工作，那家公司的总部位于弗吉尼亚州。公司考虑到我能够带来很多老客户，所以我的名片上印的头衔是“合伙人”，而不是“员工”。

在入职的第一天，我穿着一身崭新的套装，提着空的公文包去上班，希望能给新同事留下好印象。到公司后，我发现此前面试我的律师都出差在外，公司里的人见到我都很冷漠。

于是我找到那里最资深的合伙人，并做了自我介绍。然而他却毫不客气地说："在面试时，他们都认为你很不错，但说老实话，我还真没看出来。你得首先证明自己有两把刷子，不然谁都不会给你派活儿。"

我听到的第一句客气话是从公司行政人员嘴里说出来的。中午，她带我去吃饭，给我打了"预防针"。她说，公司上下对我的头衔颇有微词。她暗示说，这家公司基本上是男人的天下，所有的律师和勤杂人员都需要一点时间，才能慢慢适应与一名女律师共事的现实。

初来乍到就吃了闭门羹，这让我非常郁闷，但最郁闷的还是一整天闲着没事可做。在入职之前，我倒的确在处理老客户委托的业务。但那时互联网还没问世，我绞尽脑汁才让自己看起来一副忙碌的样子。此前的那个周末，我真不该匆匆赶完客户委托的工作，而应该想好待办事项并列出一长串清单。

那天下班后，我强忍着泪水给父亲打电话。为了安慰我，他和我说了他自己入职第一天的经历，并告诉我："第一天总是最糟糕的一天，第一周总是最糟糕的一周，第一个月总是最糟糕的月份，第一年也总是最糟糕的一年。"

我不赞成父亲对待新工作的悲观态度，但他当时说的那番话的确是真理。没过几天，那些聘用我的合伙人都出差回来了，他们热情地和我打招呼。在接下来的几周、几个月和几年里，我在公司找准了自己的位置，同事们最终完全接受了我。

和我打交道的同事都非常客气，于是，我最初的焦虑感减轻了很多。我在公司的处境之所以能越来越好，是因为我从第一天的经历中总结出了重要的教训：我成不成功，并不是由别人说了算，这是我自己的工作。实际上，从第二天开始，我就带着我的初步计划去上班了，我要让自己真正忙碌起来，我要维护好老客户，找到新客户，并向公司的其他律师推销我的服务，我再也不认为管理层会为我的成功保驾护航。

如何实现开门红

如今，我们很难想象任何老牌企业会愿意耗费精力来培训员工。通常，在人力资源专家常说的“入职”过程中，企业都会执行详细计划，确保新员工能迅速了解内部主要人员和利益相关方，了解企业对他们的绩效预期，熟悉内部文化。管理者可能会努力帮助新员工熟悉新环境，然后对自己的角色形成实际的预期。

如果你有幸遇到入职指导专家和非常和气的上司，他们一定会建议你最好带着既定的计划，开始自己的新工作或任务。无论你入职一家新的公司，或者在同一家公司调换工作岗位，还是启动新的项目，在制订计划时都应该考虑以下建议：

1. 了解上司的预期

一开始，经理不会直接告诉你他希望你做什么。当然，你应该问他：公司对自己的绩效有什么预期？该如何更好地汇报自己的进展？但是不要指望他会给出清晰、完整的答案。你要进行一些调查工作。仔细观察上司怎么与其他直接下属互动，了解他通常想知道什么，以及他如何传达信息。观察他的时间安排，比如他一般什么时候查看电子邮件，或者他一般哪几天会加班。大致掌握他为取得成功会做哪些工作，然后想办法去帮忙。研究公司的目标，并思考你的贡献和他的贡献是否符合大局需要。

2. 了解同事

当经理和专业人员在新岗位或项目中遇到困难时，通常不是因为他们不具备专业技能，很可能是因为他们误读了企业文化，或者没有与合适的人建立工作关系。刚工作的前几个月，在与团队同事及其他似乎有一些内幕消息的同事接触时，一定要讲究方法。你可以给他们发一封电子邮件，就说“我初来乍到，希望找个时间和你聊聊，听听你的看法，了解一下你的项目和背景”。

3. 倾听和学习

当你遇到新同事时，问他们一些问题，然后听听大家都怎么说。千万不要开口就介绍自己，说自己的前一份工作做得多么成功。要保持开放的心态，在不了解公司历史的情况下，不要轻易提出批判性的意见；如果公司存在派系斗争，一定要谨慎行事，不要随便站队。

4. 设定短期目标

当你慢慢熟悉环境时，就应为接下来的几个月制定现实的目标，然后再制定年度目标。在了解上司对你的预期后，要把关注点放在你认为应该优先的工作上，然后确定一些相对容易实现的短期目标。不要想着多管齐下，而要确定具体的初步措施，如举行一些介绍性会议，让自己走上正轨。

5. 言出必行

最糟糕的开局方式莫过于开出太多的空头支票。你每做出一个承诺，无论多小，都要不折不扣地兑现。如果你提出给对方打电话或发送消息，那就立刻执行。

6. 务必准时

表现尊重与热情的简单办法是按期完成任务，准时出席每一场会议。当你的日程安排发生变化或刚刚来到一个陌生的环境时，要做到准时会比一般情况下更为困难，但努力守时是值得的。

7. 调整心态

开始新工作后不久，你通常会感到有些失望。一旦过了换工作的兴奋劲儿，你也许会慢慢认识到并非一切都如自己所愿。如果觉得蜜月期已经结束，那么该做出重要决定了。你可以往积极的方面看，尽最大努力实现自己的目标。这个时候，应该告诉自己：我是自己职业的主人，克服种种不顺和障碍是我自己的事情。

8. 疯狂工作4~6个星期

要想开创一番新事业，除了进行密集的前期投资，没有其他捷径可走。虽然前期的投入可能会让人筋疲力尽，也不是长久之计，但是一定要集中精力，以不可持续的方式疯狂工作一个月左右的时间。在这段时间内，不要考虑什么周末休息、社交活动、家务杂事。同时，在日历上明确设定一个时间节点，到时候就停下来评估这一个月的工作，然后有意识地弥补这段时间内落下的生活安排，重新调整自己的目标。

9. 管理压力

更换工作后无疑会有忐忑不安的时候，这种不确定性有时会让你备感压力。你应该采取合理的策略来减轻这种焦虑感，包括制订健身计划。你也许会感觉自己没有时间去锻炼，但这种想法是短视的。花点时间让自己冷静下来，提升自己的精气神儿，相当于在为今后的成功进行投资。

即使你是个追求变化的人，开启新的工作有时也会让你紧张不安。但如果能制订合理的计划，辞旧迎新的过程就会轻松得多。

制订计划

要简单快速地制订新工作计划，只需回答以下5个问题：

1. 你要做的是什么工作？

2. 第一年有哪些重要目标？上司最希望你做到什么？

3. 哪些人会因为你的工作受到影响？哪些人可以帮助你取得成功？谁掌握了你需要了解的信息？你什么时候可以与他们聊上半小时？

4. 在前3个月，你能快速实现哪些目标，包括结识新同事和了解新工作？

5. 哪些组织习惯、健康习惯或其他习惯可以让你在前3个月保持最佳状态？

2

随时随地学创业家思考

二十多岁时，我从没想过今天会有自己的事业，当时我只想找到一份稳定的工作。

我认为在目标稳定清晰的大机构工作才会有安全感，当年从法学院毕业后我就去了美国证券交易委员会，就是出于这个考虑。后来，我被一家律师事务所从证券交易委员会挖走，当时真的非常兴奋。但当我进入那家律师事务所后，我才发现私营企业的晋升通道根本不像政府部门那样清晰。于是我仔细地观察这个新岗位的“规则”。在这里，凡是权力大的合伙人都有自己忠实的客户。于是，我也开始积累自己的客户，但当时还没意识到，我其实是在建立自己的小企业。

当我积累的客户已经让我有资格成为合伙人时，我带着我的客户资源跳槽到我在第1章中所写到的那个律师事务所。上班第一天，我还在用旧眼光看待这家新单位，但是新同事冰冷的态度让我顿时醒悟，其他合伙人并没有把我看作可以纳入他们业务单元的员工。作为一名合伙人，我必须推销自己的服务，赚取更多的律师服务费，为公司创造超过自己薪酬成本的利润。

我慢慢意识到，每一个大企业都是多个小企业的综合体，所有业务部门都必须产出产品或服务以支持企业的总体目标。多年后，当我最大的企业客户聘请我担任其公共事务部主管时，我知道我必须像创业家一样思考才能取得成功，获得真正的安全感。

聘用我的是世界500强企业美国压缩天然气公司，其管理层希望我能带来一些变革。我必须重新组织成本高昂的外联工作，如就国家问题开展游说工作，并通过我们的平台帮助不同的社区。在每个预算周期内，我必须向总裁和董事会申请巨额经费，不停地解释某项计划有助于公司实现使命，同时能创造可观的利润。

若干年后，美国压缩天然气公司被另一家公司收购，我失去了这份工作，但那时我已经知道该如何投资一家新公司，也做好了单干的准备。

如何学创业家思考

在进入法学院之前，我获得了工商管理硕士学位（MBA）。当时我认为有些人天生就是一块从商的料，而其他人并不适合自己创业。然而，我现在的看法是，创业家是可以调教出来的。无论你处于哪个行业，你都需要具备一定的经商能力才能取得成功。

近年来，很多大学都设立了创业学位项目，提供跨学科创业培训。工程、艺术等多个专业的学生纷至沓来，他们知道自己需要不断地掌握知识、技能并提高灵活应变的能力，才能重新定位自己的工作，乃至创立自己的公司。

对创业家精神怀有满腔热忱的不仅是本科生。为本书写序的职业生涯规划专家克丽·汉农撰写了大量文章，与几百万美国“婴儿潮一代”谈创业之道。据她研究，在美国55岁以上的人群中兴起了一股就业热潮，他们想按照自己的想法继续工作，而这就需要创立自己的公司。

但即使不想自己创业，培养更加锐意进取的心态也可以为你现有的工作注入新的活力。你可以憧憬该如何重新塑造目前的工作，改变工作节奏，或在今后某个时间点创建一个公司或非营利组织，以此来转换自己的心态。当我的客户开始展望不同的职业发展道路时，他们看待眼前环境的方式也随之发生变化。他们也许会努力培养冒险精神，以全新的眼光看待自己的工作，或者以新的方式与别人打交道。

很多大企业的员工已经具备了创业家的行事风格，有人把他们称为“公司内部创业家”。这些人有一些共同的特质，他们无须上司要求，就主动尝试创造新事物，或者能将一个粗略的概念转变成有利可图的成熟产品。

我尤其喜欢与那些开始学创业家思考的客户共事。即使在经济最不景气的时候，他们也能绝地反弹——无论是重新调整工作来满足新的需求，还是独自创业，他们都能迅速振作起来。

你不妨现在就学习更具创业家思维的工作方法。如果想学创业家思考，请做到以下几点：

1. 了解企业使命

创业家通常对自己的工作充满热忱。他们会设定目标，然后规划行动来实现这些目标。要培养真正的目标意识，仅了解自己的目标是不够的，你还应了解企业的使命、企业面临的挑战，以及自己如何努力为企业的整体战略添砖加瓦。

2. 以客户为中心

如果你去开公司，你就会明白，最终决定你能否成功的，是客户。你在公司做的任何事情都必须以客户为中心。你必须知道他们需要什么、渴望什么及有何想法。如果你在一家大企业工作，也必须学会坚持以客户为中心。

你能否成功取决于你为上司、同事和其他“顾客”提供什么样的产品和服务。问问自己该如何更好地为老客户服务，然后想办法扩大你的客户群。

3. 了解创业的基本要素

作为一名创业家，你应该熟悉一个组织的所有职能部门。你必须熟悉商业语言，并知道如何将各种活动整合到自己的组织中。要经常问一问自己：我是否能在脑海中描绘出一幅组织架构图，包括产品开发、预算、营销等部门？我是否了解职能部门（如人力资源部和公共事务部）的作用？

4. 品尝失败的滋味

成功的创业家都懂得一个道理：任何人都有过出师不利的经

历，也能从中吸取教训。当他们遭遇失败时，他们会分析问题的根源，然后吸取教训，待下次机会来临时，不再失手。有句俗话说得好，“创业家都是一路跌跌撞撞走向成功的”。一个人如果习惯了成功，就会非常害怕失败，变得不敢冒险。而这种心态会扼杀你的创造力，限制你与他人合作和创新的能力。想要不再害怕失败，你可以开展一些未必胜券在握的活动。比如，你不擅长舞蹈，但你的爱人喜欢跳舞，你可以报名参加舞蹈班。如果你跳得不好怎么办？那至少你们仍能玩得很尽兴，而且你会发现，即使舞步凌乱，也无大碍。

5. 保持积极心态

我们将在后面的章节中讨论这一点。研究结果表明，乐观的心态是可以培养的。首先要注意自己的语言，包括在心里默念的方式。如果你总是满腹牢骚、后悔和自责，你得学着释放这种负能量。

6. 建立个人品牌

你的“品牌”就是你所代表的一切，包括你的价值观、品格和工作质量。我会在第4章和第5章具体说明：你其实已经有了自己的品牌，尽管这个品牌可能不是你想要的。

3

学会倾听，积攒人缘

我在第1章中谈到，启动新工作或新任务的最重要策略是结识尽可能多的重要同事，同时仔细倾听他们的看法。实际上，如果要我给你提供职场制胜的所谓“锦囊妙计”，那就是倾听。

我这里说的“倾听”是指，当别人说话的时候，尽量不要插话，同时也把脑子里的那个告诉你接下来怎么说的声音切换为静默状态。你需要全神贯注地听对方说完，即使话不中听，你急着想辩解几句或立刻打断，也要忍住。

神经科学家和哲学家都表示，人在一生过程中都渴望别人认可自己关心的话题、渴望别人感受到自己的存在。当你真正在倾听时，也就满足了对方的这个需求，以一种特殊的方式和他建立了联系——即使你当时感觉不到。

倾听是人类交流的基本组成部分，你通常都能看出对方在认真听你说话，还是假装在听。有关“认真倾听”的研究表明，说话者能感觉出听众在全神贯注地听，还是在等待接话的时机。当你真正不带偏见地认真听对方讲话时，对方会觉得你待人真诚、有人格魅力，甚至很有吸引力。

做一名诚恳的倾听者就像是练功。要想练就一套倾听的“硬功夫”，你必须能察觉自己听到某句话后的自动反应，然后学会冷却这种反应。举个例子，当朋友对你说“你太让我失望了”，而你的直觉是“冤枉啊”时，你要做的不是打断他的话，而是克制住这种想要辩解的冲动，先让他说完。然后你可以问一些措辞诚恳的开放式问题，进一步鼓励朋友吐露真实想法，而不要争辩。你可以问：“我该如何处理这个问题，才能帮上忙？”

你可以在没有什么压力的情况下努力操练这项技能，如和咖啡吧员或售货员聊天。要尽量克制自己的正常反应，把重点放在倾听别人的需要和兴趣上面。实际上，你要训练的只是一两分钟的克制力。

好的倾听者除了听取别人的话语，还会关注讲话者的肢体语言、面部表情和流露的真情。这样的倾听能让人放松，所以在进行颇有难度的对话前，不妨深呼吸几下。学会倾听的一个有效办法，是从对方的角度看待你将听到的一切，培养对说话者的同理心。

训练最佳倾听技能的良机

如果你希望只通过一项基本能力来提高自己的职场弹性，那么就可以培养真诚倾听的习惯。在以下6种情形中，选择倾听将是明智之举：

1. 从事新工作时

在加入新的团队或结识新同事之后，你也许会有一股见人就想聊的冲动，以展示自己的专长。通常，更好的做法是问对方问题，然后通过聚精会神地倾听对方的回答来展示自己的能耐。

2. 当领导时

倾听是领导者的核心能力之一。如果你能够练就让别人先说、自己后说的控制力，你的领导力也会随之提高。当团队成员发言时，应该以点头和重复对方的要点作为回应，从而表示你一直在倾听。同时，要想办法让他们知道，你在乎他们的想法，即使你也许不总是赞成他们的观点。

3. 努力阐明自己的观点时

在会议陷入辩论模式时，你也许固执己见，听不进别人的观点。实际上，你不妨深入听取同事的目标和顾虑，然后提出自己的建议，尽量减少抵触情绪，这样才能更有效地阐明自己的观点。合作是一项重要的职业技能，合作的第一步就是学会欣赏各方的观点。

4. 被夹在两派同事之间时

你是否有过被夹在两个纷争派别之间的经历？你知道，偏袒哪一方都是不对的，但是在开会时如果不表态支持哪方观点，又很难取得任何成果。最好的办法是始终做一个开明的倾听者，让大家知道，你秉公办事，愿意倾听大家的意见。

5. 同事很难相处时

一旦你认为某个人很难相处，你也许就很难听进他说的任何话。当他说话时，你会摆出防御的姿态，时刻准备反击。有时候，他也知道你不把他当回事，因此他的行为会更加过分。如果你能克制抵触的情绪，听听他到底在说什么，有时候反而可以缓解紧张气氛。屏蔽内心的负面评论，也许可以创造出健康交流的新气象。

6. 希望展现自信时

人们在感到不安全时，也许会无事乱唠叨，大话连篇，或者固执己见，决不认错。真正自信的人是不惮于沉默不语的，他们有充分的自知之明，因此渴望了解别人的想法。如果你希望给大家留下自信的印象，那么就该找机会加以展示，而方法就是问别人问题，并尊重别人的回答。

倾听是一项有效的策略。倾听有助于你了解现在正在发生什么，并让别人感到你在乎他们，从而帮你打造出一个团结互助的团队。

4

调整个人品牌，释放积极信号

当人们大谈特谈“打造个人品牌”时，你是否感到这是在夸大其词？也许你觉得这只是一种沽名钓誉的伎俩罢了。

如果你对品牌塑造的理解是这样的，那么你该换个想法了。我们都具有双重人格，第一重是本真的你，第二重是你的职场人格，两者密切相关，但又不完全相同。你的职场人格根植于你的真实价值观，但职场上的你只是你这个整体的一部分。你的职业总是体现着你的个人品牌，这完全不以你的意志为转移。你的品牌也许有别于本真的你，甚至有别于职场上的你。即使你不需要或不喜欢所谓的“个人品牌”，你都无法改变它实际存在的事实。它客观、鲜活地依附在你身上，影响着别人与你打交道的方式。

了解并塑造个人品牌

个人品牌是你与众不同的决定性因素。

最初，“品牌”一词指某个产品的所有人或制造商的名称或符号。例如，牧场主过去用烙铁在牛的身上打上烙印，这样他们就能从牧场散养的牛群中认出自己的牛。过去，肥皂就叫肥皂，后来一位名叫皮尔斯的理发师发明了一种质感柔和的香皂，于是就有了“皮尔斯香皂”（Pears Soap）。

如今，“品牌”一词不仅仅包括品牌名称。营销人员在打造品牌的过程中，总是努力强调自己产品的显著特点，凸显其与竞争对手的不同之处。因此，现代社会“品牌”概念的外延更广，它不仅包含产品的品质，而且包括顾客对这些产品的感受。

当我们提起某个“品牌”时，我们所想到的远不止其背后的实际产品，更多的是自己对产品的各种反应。例如，可口可乐品牌所反映的不仅是软饮料的属性，或者人们是否喜欢那个味道，而且是人们在看到可口可乐洋溢着幸福的广告时的情绪反应。

你的个人品牌有别于真实的你，因为它部分是由别人对你的印象决定的。你的个人品牌取决于人们对你的专业知识、工作表现、个性品格的评估结果。你的个人品牌对你的职业生涯意义非凡，它可以为你开启职业生涯大门，也可能成为你职业生涯的拦路虎。个人品牌可能完全有别于你本人，或者你希望在职场上展现的功成名就的形象。

换句话说，即使你为人正直诚恳，工作兢兢业业，也不能确保你的个人品牌一定会体现你最优秀的品格，不能保证你在职场上一帆风顺，如愿以偿。

这正是萨莉*所吸取的惨痛教训。萨莉是一名项目经理，天资聪颖，有团队合作精神，而且是个技术控，但是她一直与晋升无缘，屡屡申请，屡屡被拒。她的直属上级贝丝请我帮萨莉分析她为什么不受领导重视。

在征得萨莉的同意后，我与她的同事聊了一番。有几个人说她是个"怪人"。她的部分声誉是由她的外在表现决定的。她对奇幻故事和科幻小说如痴如醉，有时她入戏太深，甚至会在工作中不自觉地扮演性格怪异的科幻人物。更糟糕的是，她会没完没了地和同事唠叨她周末看了哪些奇幻和科幻电影，让他们厌烦透顶。

喜欢萨莉的人觉得她很有趣，但即使是他们也觉得她的兴趣实在荒唐。萨莉这种古怪的个人品位已经成为她个人品牌的重要组成部分，从而使得她的同事们都忽略了她的长处。

在我向她说明了以上情况之后，萨莉做出了一个决定：她不会放弃自己的业余爱好，但她不能让自己的业余爱好阻碍自己的发展。于是，她制订了一个"三管齐下"的计划来重新打造自己在公司的个人品牌。

1. 打理形象

萨莉在穿着打扮上决定走主流路线，这样，同事们就不会因为她的外表另类而忽视她的才能。她开始向上司的着装风格看齐；她把一头长发编成法式麻花辫，这样就显得干练了很多。她不再和同事没完没了地聊自己的周末安排。

2. 培养强项，展露特长

萨莉终于明白，仅仅衣着打扮和别人一样是不够的，她给自己写下了一条“品牌声明”，列出了自己必须与众不同的地方。她尤其希望别人认可她的技术特长。她订下目标，要成为热门新技术的专家，并让自己的专长得到公司的认可。于是，她报名参加了网上技术培训课程，不断钻研尝试，并在一本技术期刊上发表了论文。随着技术知识的增长，她为同事编写了一本操作指南，她天性乐于助人，只要同事们需要帮助，她随叫随到。

3. 秀出领袖风范

萨莉参加了一门领导力培训课程，其中的一项训练是写领导力感悟日记。她开始细数自己崇拜的领导者，慢慢地，她越发强烈地感到自己也想成为那样的领导者。她写下了一系列自己最钦佩的领导力品格，并经常翻出来看看，在准备参加公司例会之时，她也会琢磨一番。在理想形象的激励之下，她对自己的贡献和决定变得更有信心。

很快，萨莉的个人品牌焕然一新。贝丝说其他经理都认为“萨莉终于成熟了”。萨莉充分发挥自己的技术专长，成了公司有名的创新代表。不久，她就被安排负责一个重要项目。

尝试管理个人品牌的策略

要掌控自己的品牌，首先需要客观评估你在别人心里的印象。如果别人对你的印象是负面的，那么你该努力改变这种印象了。如果你准备重新打造自己的品牌，就应该：

1. 研究目前的个人品牌

市场营销人员在努力提升某产品品牌前，往往会进行用户调查。如果你希望更好地了解自己的品牌，就应了解其他人的反馈。在职场上，你也许需要采取“360度绩效评估”的形式，请第三方对你的上司、直接下属和其他同事就你的表现做一个调查。还有一个类似的办法是询问同事自己“怎样做才能发挥更大的作用”。

2. 照照镜子

萨莉发现，如果她的着装打扮入流，看起来职业气质十足，人们会更可能认为她是成功人士。即使在对着装没有要求的公司，你的个人着装风格也会决定着你是否具备成功人士的气质。除了外表形象，你的言谈举止也影响着别人对你的看法。如果你觉得现在应该注意外表了，可以观察周围有哪些人看起来精力充沛、精明干练、积极向上且气场强大，然后从他们身上汲取灵感。

3. 广而告之

仅仅培养专业技能并做好本职工作是不够的，酒香也怕巷子深。你需要告诉别人你在做什么、学习什么。你可以发表演讲、写文章或分发进展报告，也可以用更含蓄的方式展示自己的知识，如向需要你帮助的人提供服务。

4. 塑造网上形象

你在网上的形象对于你广义上的专业品牌至关重要。当你和某人首次见面时，那个人可能已经在谷歌里搜索过你的名字。对此，你绝不能视而不见，因为你的名字就出现在某个网页上。要塑造良好的网上形象，最简单的办法是在领英网（LinkedIn. com）上建立个人页面。如果你不希望透露太多个人信息，则无须填写整张表格。只要在领英“个人简介”页面写下几句话，就能彰显你的个人品牌。

建立自己的品牌绝不是拉大旗作虎皮，也不是操控别人，而是要更好地了解你的工作会如何影响别人，更多地了解其中的关系，更有自知之明且更娴熟地展示你内心的想法。

5

培养领导力，打造个人品牌

你的个人品牌包括你的领导力。你可能需要经过很多年的努力，才能够管理一个团队或者位居人上。即使是刚刚起步，你的领导力也会影响到别人有多信任你，是否想要和你一起工作。

打造个人品牌要从小事做起。在发现问题时，就提出解决方案，然后付诸实践，这样你就会像一个领导者。而懂得尊重其他人，向他们传递正能量，也是领导者应有的行为。主动承担责任，兑现诺言，才能提升你的威望。

我在第4章中讨论过，你的个人品牌包括你在其他人心目中的印象，从工作技能到着装打扮都很重要。领导力是个人品牌中尤为重要的一点，因为它可以体现你的核心价值观。有了响亮的领导力品牌，你就能获取其他人对你的工作能力的信任。而且，如果你清楚自己想成为什么样的领导者，这种标准自然而然就会帮助你做决定。一旦你决定自己想通过什么而为人所知，你就能把精力集中在那些最为重要的事情上。

如何将领导力变为个人品牌的一部分

人们如何看待你的领导潜力是你能否出人头地的重要因素。每个人都有自己的领导力品牌，它可能会影响你未来的发展机会。以下4个方法可以帮助你认清自己的领导力类型，建立合适的领导力品牌：

1. 展望自己的领导力风格

展望自己的领导力风格有一个简单方法，那就是列出你想培养的个人品格和你希望别人看到的优点。第一步，想想你敬佩的领导者。他们可以是你的老师、上司或者某些历史人物。选出3~5个领导者后，问问自己：

- 这些人有哪些出类拔萃的特质？
- 我希望别人用上述哪些特质来描述我？
- 当我状态最佳的时候，哪些特质听起来最像我？

2. 扩充领导力特质清单

下文列出了描述优秀领导者的常见词语，选出你觉得重要的，然后添加到你自己的领导力特质清单中：

（1）不断进取

最优秀的领导者都会不断学习新东西，有些不一定与工作有关。领导力的提升和个人发展是并行的，业余时间的学习可以改变你的工作表现。

（2）有自知之明，善于发展人脉

领导力专家丹尼尔·戈尔曼（Daniel Goleman）的研究表明，优秀领导者的情商要比其他人高。优秀的领导者都有自知之明，如能够意识到自己在愤怒或者精神涣散的时候无法处理棘手的问题。戈尔曼在他的著作《情商2：影响你一生的社交商》（*Social Intelligence*）一书中写道："我们天生就会与他人互动，自我意识越强，我们就越懂得如何与他人互动。"

（3）心态积极

领导者的心态对团队有极大影响，实际上，在大多数情况下，那些拥有正能量的人都会让周围的人更有效率。

（4）全身心投入

作为领导者，我们必须关注周围的人和进行的活动。其他人可以感觉到我们是否在全身心投入，而这会影响他们是否把我们视为真诚、有人格魅力的领导者。

（5）服务意识

培养领导力的第一步可能是想着帮助他人，向他们提供他们所需要的东西，或帮助他们获得成功。"服务型领导力"的重要品格是善良、信任、同理心、不滥用权力。

（6）井井有条

好的意愿只是成功的一半。为实现自己的目标，领导者应该培养高效的工作习惯和工作方法。

（7）善于协作

能与他人进行协作，共同实现目标的人才总是很抢手的。原因之一是意见不同且各有所长的人在进行协作时往往能够带来创新。

（8）精力充沛

领导者必须学会管理自己的时间和精力，以保持最佳状态。这也包括通过运动、饮食和缓解压力来调节自己身体的状态。

3. 研究愿望清单

现在，你已经列出了一张理想中的领导力特质清单，那么就将它贴在显眼的地方，每天早上起来看一遍。相较于文字，人们往往更容易记住图片，所以有些人会通过图标来标记他们正在培养的品格。我的客户比尔*想出了5个属性词来定义自己的领导风格。他为每一种属性设计了一个图标，用简单的图像来表示他想要培养的特质。例如，因为他是摩托车发烧友，而且在为160公里山地越野赛做准备，所以他就用一个三角形来代表“毅力”，表示崎岖的山地。每当比尔看到那5个图标就能立刻想起他希望培养的特质。最终，为了感谢支持他的妻子，他找珠宝商照着这5个图标制作了5个小吊饰并穿成手链送给了妻子。这样每当他看到妻子手上佩戴的那个漂亮的金手链，就会想起自己的成长之路。

4. 身体力行

要塑造自己的品牌，关键在于认识到什么样的态度和行为有利于为你赢得想要的声誉。列出完整的特质培养清单后，快速过一遍，思考应该如何付诸行动。如果你想重点培养其中的某几项特质，那么不妨尝试着每个月重点突破一项。比方说，若想在同事眼中显得为人可靠、有创造力、积极主动，那么就拿出日历，每个月标记一个主题，坚持训练三个月。接下来就是最重要的步骤：如果“为人可靠”是你5月份的目标，你就应该以坚持不懈的行动来证明你是可以信赖的，例如，你应该给自己制订计划，坚持每次开会都按时到场。

你的品牌形象能够让你在竞争对手中脱颖而出。与此同时，你的领导气质也会直接决定他人对你的核心价值观的判断。

6

改变个人风格，助力职业发展

有没有人曾告诉你，只要努力工作、业绩出色，穿什么去上班其实无所谓？不好意思，事实并不是这样的。

你在人前的形象会影响他人对你的成就和潜力的评价。因此，你的个人风格、穿衣打扮都会影响别人对你的看法。

穿着风格在求职和演讲的时候显然非常重要。考虑到这些情况，我去咨询了一名专家——我姐姐莉比·维克。

莉比在华盛顿从事政治与公共关系方面的工作达10年之久，又在北弗吉尼亚社区学院（Northern Virginia Community College）任教20多年。她教授的是商务与专业沟通课，在她的课堂上，不同年龄、不同背景的学生都想学习如何在职场上或人才市场上给人留下好印象。

不论你是在演讲还是在求职的时候想给人留下一个好印象，莉比说："相比于你说的话，你的受众可能会更关注你的那些非语言信息。除了站姿和表情等外，个人风格也属于非语言信息。"

让自己仪表得体花不了多少钱。莉比认为只要你认真花一番心思包装自己，就可以在人前有模有样。

手头不宽裕的女士也可以时尚靓丽。一个很有效的办法是上班的时候尽量穿黑色的衣服，或者黑白搭配。男士如果想穿出成功人士的样子，与过去相比，方法更多，不过也更复杂。一个小窍门就是看看别人穿什么衣服，然后你只要比大多数同事穿得更正式一点儿就行了。但是不管男士还是女士，无论你选择何种穿衣风格，你穿的衣服一定要干净整齐。

当你知道自己看上去很得体时，就会自我感觉良好，从而可能做得更好。莉比说她刚开始教书时，没有要求学生必须穿正装上台演讲，但是后来她发现，“学生穿运动服时的表现远不如他们穿正装时的表现”。

莉比认为，归根结底还是要把受众放在首位，一切成功的交流都是以受众为本的。所以，请仔细想想：你到底想传递什么样的信息，自己的仪表可以给目标受众留下什么印象。如果你付出的努力很明显，那么他们一定会更愿意听你所说的话。

你的装扮什么时候需要提升一个档次

有时候你因为工作繁忙、感觉疲倦或者心不在焉，没有好好打扮就去上班了。对自己的外表都不上心，这往往说明你的事业不顺利。当遇到这样的情况时，给自己来一次“改头换面”，会帮助你走出阴霾。

当你的事业蒸蒸日上的时候，也需要重新包装一下自己。如果穿着光鲜，即使不动声色，大家也都知道你正“春风得意马蹄疾”。另外，在以下几种情形中，我也推荐你整理一下自己的仪表：

1. 和比你年轻的同事相处时

如果你的衣柜里全是些十几年前的旧衣服，他们会认为你的观念还停留在20世纪90年代。观察你的年轻同事们都穿什么样的衣服，然后参照着稍作变动，创造出适合自己的风格。如果不知道从哪里入手，你可以咨询懂时尚的朋友、浏览时尚博客或者找个私人购物顾问。

2. 和年长的同事相处时

满身孩子气对你的事业没有什么帮助。如果同事会因为看到你穿得太随便而觉得你工作马虎，那么还是穿得正式一些吧。

3. 见客户的时候

穿着散漫是不会给客户留下好印象的。相反，如果你看上去考虑得非常周全，包括着装这种细节都面面俱到，那么客户就会认为你为人可靠。

4. 演讲的时候

莉比说，现在这个时代，演讲比以往任何时候都难，因为观众会时不时想要掏出手机看上两眼。即使你对于讲稿的内容烂熟于心，如果一开始就毛毛糙糙、慌里慌张，一副没做准备的样子，观众是不会买账的。我的建议是，穿一身能为你增色的套装，这样你就会拥有一个好的开始。

5. 希望事业更上一层楼时

如果你盼望着升职，那么穿着打扮就应该像已经升职了一样。不要和你的同级一样，而要向你的上司或者更高一级的领导的穿衣风格看齐。

6. 在找新工作时

在面试的时候，第一印象是至关重要的。在你开口之前，面试官首先注意到的就是你的仪表。穿着保守一些通常是最安全的选择，但是你同时要注意让自己看上去和办公室的文化融为一体。穿得稍微正式一些也是可以接受的，这样可以让面试官知道你非常重视这次面试。

7. 不想给别人留下刻板印象的时候

我母亲名叫洛娜·琼斯，是个潮妈。她在93岁的时候考取了驾照。我问她坐在机动车辆管理部考官旁边紧不紧张，她说一点儿都不紧张，因为她已经完全准备好了，她说："考试那天我把头发收拾得美美的，穿着也很得体。因为人一上了年纪，特别是过了80岁以后，要是穿得邋邋遢遢，人家就会觉得你老年痴呆。"由此可见，打扮得优雅得体，还可以让别人摒弃对你的偏见。

在职场上，个人形象是"个人品牌"的一部分，是工作态度的投射，同时也关系着别人如何对待你。

7

压制脑海中的消极声音

在我的整个学生时代，有一个声音一直在我脑海中回荡：“不好好学习就等着考试不及格吧！”我不知道这个声音从何而来。它跟我的父母没有关系，因为他们从来不在学习上给我压力。每次我想偷个小懒，不想做作业，这个声音就像魔咒一样缠着我。

我上大学之后，这个声音似乎渐渐远去，但在考进乔治敦大学法学院后它又像梦魇一样重返我的生活中。那时我在华盛顿，大城市的一切都让我很兴奋，从博物馆到酒吧，到处是让人分心的休闲选择。这个声音萦绕耳畔，让我打消作乐念头，一心向学。有时候我甚至跟自己怄气，大声吼自己：“你要挂科了！你要完蛋了！”

毕业后，这句咒语换汤不换药，变本加厉地折磨我。刚做律师的时候，脑海里回荡的声音变成了：“这一行是男人的天下，所以你得加倍努力。”夜里，咒语扰我清梦；白天，咒语盗我欢乐。

但是随后我意识到：律师傻坐在办公室里是等不到客户的。

“哦！”我恍然大悟，原来脑海中的声音并不是圣旨。人生经历越丰富，我越能明白书面工作固然重要，但其他事情也不可忽视，比如发展人脉。于是，我不再默默地忍受那个声音，而是试着忽视它，甚至跟它对吵。当它拽着我不让我离开办公桌时，我就会反击说：“这个饭局是个好机会，我去定了。”

后来，我鼓足勇气去扩大职业圈子、发展潜在客户，即使有时候人们对我爱搭不理，我也会想办法给自己打气。我注意到，最打击我的不是别人的言论，而是我自己脑海中回响的风凉话，比如“他们永远不会雇用你的”。我试着不去理睬这些声音，试着安慰自己，失败是成功之母，挫折是成长的必经之路。我会对自己说：“好吧，我来总结一下这次失败的教训。”

压制内心的消极声音，释放新能量

我们每个人心里都住着一位评论家，不停地对我们评头论足或者发出警告。有时他总停留在过去的事情里，提醒我们哪些事情有待改进。有时他会预测到我们日后可能犯的错误，然后就开始了“担忧”。

东方哲学大都会探索破除心中杂念的方法。例如，它们认为冥想和祷告能帮助人们暂时忘却心中的杂声，发掘更深层的自我。

在西方，科学家也开始了解人们脑中声音的本质和来源，以及它与生理健康的相互作用。这些一直萦绕不去的声音，不仅是一种真实人生经历的反映，也是人们从他人身上习得经验的集中体现。有些专家认为，这种声音是生存手段进化的结果，人类祖先对于困难和危险的反应已经化为人类基因的一部分。在工作的时候，这种声音会提醒你或者鼓励你。

当我们全身心地投入有意义的工作中时，这种声音似乎会稍稍降低音量。在大多数情况下，这种恼人的独白会化为魔咒，让人杞人忧天，夜不能寐。这种声音会让人在面对挑战时失去勇气，精神涣散，做事的效率也随之大幅降低。

好消息是，我们可以运用一些方法来避免这种魔咒的侵蚀。下面我就列举一些方法，帮助你远离这种消极思维强迫症：

1. 仔细观察

通过观察哪种声音出现的频率最高，你能更快地摆脱它的控制。找到出现频率最高的声音，静静地观察，但千万不要回应它。然后提醒自己：这一切都是陈词滥调，我已经不在乎了。

2. 重新构造

将脑海中反复不停的消极声音列成一个清单，然后把它们都升级成积极的声音。比如，你如果一直在想“这份工作真无聊”，那就把它改为“今天，我要做出改变，让这份工作变得有趣”。每当旧的消极声音骚扰你时，就将其改成积极的声音，然后在脑海中滚动播放。重复到一定程度以后，旧的消极声音会逐渐消失，而更有益的新声音就会出现。

3. 逐一命名

想要远离喋喋不休的消极声音，还可以给每一种声音贴上标签。比如，告诉自己“这个声音只能在周一早上出现”，其他时候则必须走开。另一个方法就是将脑海中的声音具象化为一个人，或者一个形象，比如“对了，圣诞怪杰总是在周一早上讲这些话”，这样就可以舒缓压力。我喜欢里克·卡森（Rick Carson）的经典著作《驯服心中的敌人》（*Taming Your Gremlin*）。这本书建议人们运用想象力把内心的声音具象化，如将它想象为一个小顽皮鬼，这样你就可以削弱它的力量，让它不再烦你。

总而言之，增强自己的抗干扰能力，在可控风险范围内让自己过得更舒服，都可以帮你走出消极的思维圈。清楚意识到这种声音的存在，并且知道自己能够屏蔽这些杂音，就是很好的开端。

8

别人如何自律

你有没有遇到过一些非常自律、工作起来驾轻就熟的人？你是否有时感到，如果能像某个同事一样自律，自己的事业就会更上一层楼？

道格*就曾经有这样的感觉。道格是一位精力充沛的市场公关顾问。他优秀的专业技能和难以抗拒的个人魅力吸引了源源不断的客户，让他有点应接不暇。虽然道格背后有一支强大的团队替他分担任务，可是，当我们第一次见面聊天时，道格却向我抱怨说，他仍无法做到井井有条，因为他要做的事情实在太多了，根本顾不上细节。每当他忽略细节的时候，很多机会便与他擦肩而过。他担心自己这种没有条理的状态会酿成大错。

道格经常自创一些用于记录计划和客户项目的合理流程，他的团队就采用这些流程。然而，道格却常常因为忘记自己应该做的工作而造成流程混乱。他会忘记汇报自己的工作，忘记他答应过要做的事情，或者重新制定了一项重要的策略却忘记告知大家。

“问题在于我生来就不够自律。”道格说，“我的助理简虽然缺乏创造力，但是做起事来有条不紊。自律对于像她这样的人来说，非常容易。可我却不是这类人。我如何才能变得更加自律呢？”

有些人天生就很有条理，例如简；而有些人就缺乏计划性，例如道格。不过，从定义上来看，培养自律能力对任何人来说都不容易。“自律”的通常定义是：在消极的情绪状态下，仍能激励自己。换言之，自律就是能强迫自己做不愿意做的事情。

提高自律水平的方法不是固定的。其中一个原因在于自律的表现形式并非一成不变。有时候，自律就是为了获得更大的好处而放弃及时行乐，例如戒烟。有时候，自律就是为了达到某个目标而做自己不喜欢的事情，例如为了减肥每天早上坚持跑步。

但是，只要你想培养自律，你就可以变得更加自律。正如我对道格说的那样，增强自律能力就好比锻炼身体，即使你最开始的时候非常虚弱，也可以从今天开始，一点点地增强肌肉力量，随着时间的推移，日积月累，你会变得更加健康。同样，从现在起，你可以一点点地加强自律。每天努力一点儿，渐渐地，你会变得越来越自律。

你也能够变得更加自律

作为一位年轻的专业人士，道格喜欢截止期限所带来的紧迫感，并且为自己能够处理客户提出的紧急要求而感到十分骄傲。但是，在领导一支团队时，他这种单打独斗的牛仔式风格就不再适用了。道格渐渐地意识到，一个人要想事业成功、生活幸福，必须具备的一个非常重要的品格就是自律。一些研究指出，自律的人会更快乐，能更好地处理压力，更可能实现自己的目标。以前，道格总会对此嗤之以鼻，而现在他不会了。

更重要的是，道格发现，自律是一种可以习得的行为，可以靠不断地付出努力，一个问题一个问题地、一天天地培养出来，因此他不再焦虑，不再浪费时间。

对于不同的人来说，自律的表现形式有所不同。对道格而言，自律的第一步就是把要做的事情写下来。一开始，道格每天早上会花10分钟将一天要做的事情列出来。这个习惯差不多养成后，道格开始随身携带笔记本，将所有要做的事情都记录下来，包括记得发手机短信和履行对客户的承诺等。

请尝试以下建议来加强自律

那些能在激烈的市场竞争中脱颖而出的人，都能做到上班准时，按时完成任务，敢于承担重活、难活，信守承诺。要想成为这样的人，就要学会自我管理。要想增强自律，首先必须做到以下10个方面：

1. 设定目标

你心里是否装着一件很想做但需要自律才能完成的事情？比如，你认为，如果自己能够准时上班，工作便会更加顺利。你应该就此设定一个能够完成的目标，然后详细表述出来。例如，你要坚持两周内，每天早上8点准时上班。

2. 设想自律如何落实

设想一下，如果你足够自律的话，采取哪些措施有助于你实现目标。例如，为了准时上班，你要考虑是不是应该早点关电视睡觉，是不是要在晚上睡觉前准备好第二天要穿的衣服，是不是要在周末的时候将汽车加满油。

3. 选择自律

想好自己在足够自律的情况下会采取的做法后，就应该积极地去执行了。一些很小的决定就会为你加强自律提供机会。例如，睡觉的时间到了，而你正在看电视，你要决定是否关掉电视，即便正在播放的是非常精彩的节目。每一次对于是否自律的抉择都是练习自我控制的机会。

4. 勤做笔记

将自律的情况以日志或日记的形式记录下来会非常有用，能帮助你逐渐增强自律。当你发现自己做出的决定能让你准时上班时，将做出此项正确决定的次数记录下来。

5. 拒绝借口

培养自律的一大困难是抗拒不了内心的诱惑。当你要进行自我管控的时候，心中会有个声音诱惑道，“今天太累了，就不用按要求做了”。这时候，你就要用理智战胜情感，抗拒诱惑，向着自己的目标努力前进。

6. 自我鼓励

将那些阻碍你成为一个自律之人的借口列举下来。然后，针对每个借口，想出一句积极的话来鼓励自己。例如，如果你内心的声音说“我没有精力”，那就告诉自己“如果我明天按时上班，就会变得更加有活力”。

7. 远离诱惑

只要看不见诱惑你的事物，想要变得自律就会容易得多。如果你是因为熬夜看电视节目而睡眠不足，能否把电视机搬出卧室？

8. 承认困难

监督自己的行为本身就是一件累人的事情。换句话说，我们自律的强度和时间是有限的，超过那个度，我们就会变得疲惫不堪，难以深入下去。所以，当你尝试做出改变时，要认清困难，循序渐进。

9. 养成习惯

要坚持一项新的行为，开头的几天最是痛苦难耐。但只要不断地重复，很快就会渐入佳境。你无须做思想斗争，就能做到准时上床睡觉。当新的作息时间变成了习惯，选择它就不会那么痛苦。很快，你就可以把原本用在这上面的自控力转到应对其他挑战上。所以，在养成了准时工作的习惯后，你就可以把精力用在完成你的工作计划和其他待办事项上。

10. 犒劳自己

肯定自己是十分有效的做法。在做出改变的过程中，只要自己表现不错，就可以想个办法自我犒劳一番。

当你执行这份计划时，要关注过程，看看哪几点对你有效。遇到任何挫折，都应该把它视为学习的良机。培养自律能力其实可以成为一场游戏，在这个过程中，你可以享受到无穷的乐趣和成功的喜悦。

9

学会保持微笑

目前仍有科学家声称，人类是唯一会笑的动物。对此，恕我不能苟同。

黛西是我和我先生安迪·亚历山大养的一条黄色拉布拉多犬，它的微笑有让人沉醉的魔力。只要发现有人在瞧它，它就把嘴咧得大大的，嘴角还微微上扬。每当它充满爱意地凝望着安迪，安迪也会报以同样的微笑。他俩就这么面带笑容地凝望着对方，似乎时间已经凝固。平时，黛西会用它身体的每一部分来表现它在微笑，前提是它和安迪四目相对——它开心地满地撒欢儿，尾巴不停摆动，小屁股扭来扭去，肩膀一颤一颤的。

因为安迪经常出差在外，有时我会在电话中将黛西的笑容讲给他听。我注意到，仅仅是简单的描述，就能让电话那头的安迪开怀大笑，我都能脑补出他乐个不停、满脸放光的样子。

尽管目前人们对于犬类是否真会微笑还没有定论，但“人类的笑容具有感染力”这一观点已被广为接受。1936年，戴尔·卡耐基（Dale Carnegie）在他的畅销书《如何赢得友谊与影响他人》（*How to Win Friends & Influence People*）中就曾提到过。在“6个让你受欢迎的妙招”这一章中，原则二就只有两个字：“微笑”。

卡耐基说，微笑“是善意的信使”，很容易给别人留下好的印象。他建议读者，即使是在并不想笑的时候，也要保持微笑，因为行动是能够影响情绪的。微笑会让你更开心，也会让周围的人更加快乐。

为什么微笑在今天仍是很好的策略

在卡耐基提出原则二后的80年里，心理学家和科学家针对人类的微笑开展了无数次研究。微笑具有感染力这一现象似乎比卡耐基所说的要复杂得多。首先，你的文化一定程度上决定了你微笑的方式和通过笑容传递的信息。比方说在美国，相对于整天板着脸的东北部人来说，南部人更加爱笑。但是在东北部人眼中，这种笑容并不真诚。其次，人们对你的表情的解读会因具体情境而异。一般来说，向别人微笑是在表示你的友善，但如果你在争取到别人抢破头也没抢到手的美差后，脸上挂着灿烂的笑容在办公室里走来走去，同事们可能会非常不爽。

尽管这个现象十分复杂，但是现代研究已经证实，“保持微笑”通常是很实用的职场建议。下面列举出了一些保持微笑的原因和方式：

1. 微笑有利于身心健康

微笑可以加快释放内啡肽和其他有利于振奋情绪的荷尔蒙，还能稳定心率和血压，提高你的幸福感和健康水平。微笑可以缓解紧张情绪与工作压力，甚至会影响到你的每一个细胞。

2. 微笑可以改善你的形象

若你脸带微笑，就更容易让别人觉得你有能力、有魅力，你也更容易被人记住。他们会觉得你很容易相处，非常值得信任，还会觉得你比实际年龄看起来年轻。最重要的是，别人下次见到你时，会更容易认出你是谁。

3. 微笑可以感染他人

用微笑回报微笑是我们的本能行为。你对同事或客户微笑，他们也会不自觉地报以微笑。更重要的是，当你和别人微笑相向时，别人更愿意和你吐露心声。他们能从你的笑容中感知到满满的正能量，因此更愿意和你交流。

4. 微笑是可以传递的

如果你的微笑能让团队中的一位成员感到愉悦，他的心情就会变好，就更有可能对他遇见的下一个人微笑。这样，好心情就会在团队中迅速地传递开来。你们团队的凝聚力会因为一位成员经常笑容满面而得到提升。

5. 礼节式微笑也很有用

发自内心的真诚笑容最具感染力。但是，需要你费点儿功夫才能挤出的礼节性微笑也同样有效。礼节性微笑可以开启良性循环。也许你一开始微笑只是出于礼貌，但他人回应了你，你也会对他人报以微笑。很快，你的笑容也会从勉强变得真诚起来。

6. 你会笑得越来越自然

只要多加练习，就能展露自然的微笑。诀窍在于，要想一些能让自己开心的事情，从内心酝酿出你的微笑。比如，想一想你所爱的人或是回忆一件让你开怀至今的事情。

如果你把微笑当成习惯，那么这个习惯就能训练你的大脑用一种积极向上的方式来看待世界。笑得越多，就越能克服人类的一大天性——在意威胁或其他消极因素。积极的思维方式能够增强你的创造力，提高你的生产力。

要养成微笑的习惯，一个绝佳的方法是每天早上有意识地用微笑来开启新一天的生活。早上醒来后，想想开心的事情，练习如何微笑。如果每天早上这样做，你就可以轻松做到整天都笑容满面。

10

洞悉“建立人脉”的真实含义

在和客户交流的过程中，我通常不喜欢用“建立人脉”这个词，而希望用另一个词表达相同的意思，因为“建立人脉”给人的感觉是：一个虚情假意的人，见人就打招呼、聊天、发名片，无论别人是否感兴趣。

一次，我在和杰克*谈论他在换工作前应该如何做准备时发现，上面的描述也是他最直接的感受。当我提到扩大交际圈的好处时，杰克做了个鬼脸，说：“我不相信这种事情，我已经拥有一些真正的朋友，而且我也不会参加无聊的业界活动，去认识一些虚情假意的朋友。”

你的“人际圈”是你终身受用的重要资源

你的“人际圈”是由你与别人建立的各种人际关系组成的网络。你可以将它看成一系列同心圆，这些同心圆以你为圆心像蜘蛛网一般扩散开来：

1 号人际圈

这个最中心的人际圈由你最好的朋友和最亲近的家人组成。许多人，尤其是内向的人，大部分时间都喜欢和这个圈子里的人待在一起。但就算是最好的朋友也会离开或者疏远。因此与其他圈子的人保持接触的一个好处，是可以不断地往这一圈子中添加新面孔。

2 号人际圈

在核心人际圈以外的第二个人际圈里，是那些新朋友以及虽然认识很久却不怎么碰面的人。这个圈子里的人通常包括同事、邻居、好朋友的朋友。如果你不努力与这个圈子的人保持联系，那么他们很可能也会离你越来越远。

3 号人际圈

这个圈子包括你这些年来认识的几十个、几百个甚至几千个只是点头之交的人。他们中有你的同学、单位里面其他部门的同事、瑜伽班的学员及出门散步时打招呼的邻居。他们也包括那些你从来没有真正见过的人，比如说你社交网站上的网友或在世界另一端办公室里的同事。当你开始考虑3号人际圈时，你可能会发现这个圈子中有丰富的专业人脉资源。虽然之前你和他们可能没什么交往，但是你可以与他们建立工作上的联系。

4 号人际圈

如果你处在一个组织中，你就能很快地扩大人际圈。也许你之前从未见过该组织中的这些人，但是你肯定能认识他们，因为你们住在同一个地方、属于同一个组织、进了同一所大学或在同一个地方工作。无论你们之前是否见过面，你和他们中的每一个人都有一些共同之处。

每一个人际圈都有独特的作用。例如，当你发展新客户或寻找新工作的时候，不妨将重点放在3号人际圈上。因为1号、2号人际圈中的人所掌握的信息和你掌握的信息基本一致。即使你不是在找工作，3号人际圈中的人也能向你提供支持。做领导是孤单的，在工作中经常要自己拿主意，所以有时候可能会有孤军奋战的感觉，但是如果你和同行保持联系，这种孤独感就会得到缓解。这些不同的关系圈对你的生活和职业生涯的价值怎么高估都不为过。从这4个圈子中，你总能找到这种人——他们在你需要的时候给你建议，在你成功的时候为你庆祝。他们是你职业生涯中的“智库”，而且他们中的很多人都愿意伸出援助之手，即使他们还不太了解你。

因此，建立人脉不是浮于表面地打打招呼。它意味着扩大你的关系网，为别人着想并且经营那些在未来能对你的人生起到帮助作用的人际关系。不要等到火烧眉毛了，要换工作了，才去建立人脉。你可以将建立关系网这件事情内化成你每天生活的一部分。

不要等到危机来临时才想起来维护人际关系

当杰克请我指导他如何为跳槽做准备时，我知道，他要做的是了解如何利用人际圈。事实上，杰克的确花了一些时间去真正了解自己的人际圈。出人意料的是，他后来决定待在原来的岗位上，因为公司调整了他的职务。

虽然杰克不再想着换工作，但他还是决定不断扩大自己的社交圈子。他终于明白，重新经营久未维护的人际圈困难重重。让他没想到的是，发展人脉竟然也是人生一大乐事。他成了一家行业组织的活跃会员，还参加了远足俱乐部。最重要的是，他通过努力与很多同事和邻居建立了更紧密的关系。

保罗*则是与杰克相对的另一个极端。当保罗谈论起自己的朋友圈时，他总是眉飞色舞，似乎在把自己的朋友圈当作一个活人对待。我知道，保罗不需要我督促，就能够巧妙运用自己广泛的人际圈来寻找工作。他已经做足了准备，因为这些年来，他在不断结交新朋友的同时，也在努力维护既有的关系。保罗认为以下两种重要方式有助于打造人际圈：

1．日积月累

当人们说起“建立人脉”时，通常是指结识越来越多的人。具体地说，这需要和其他人建立一些联系。光向陌生人递名片是不够的，你必须和他们有眼神的交流，找到你们的共同点，也许还需要他们把你加入他们的通信录中。

2．保持联系

打造人脉不仅需要不断认识新朋友，和已经认识的人保持联系也同样重要。我的客户保罗很聪明，他很明白这个道理，因此，他在追求理想职业的道路上有很多有价值的人脉资源可以利用。保罗是个天性善良的人。他总是指导年轻的同事，帮助那些感觉被孤立的人，并且和那些忙于工作、许久不联系的老朋友约好饭局。保罗总是乐于帮助别人。所以，当他需要帮助的时候，有很多专业人士也很愿意帮助他。

建立并维持人际关系不是一朝一夕的事情，而是一个循序渐进的过程，在日常生活中维系人脉未尝不是一件乐事。如果能够稳定地积累人脉，你就不会在遇到危机时孤立无援。

发展人脉的方法

在华盛顿这样的城市，政治色彩浓厚，人们的事业心都很重，看那些成功人士建立人脉的种种方法也着实有趣。那些经常抛头露面的人往往天生外向，他们喜欢扎在人堆里的感觉，永远迫不及待地赶往下一场派对。而一些更成功的人是内向型的，比如巴拉克·奥巴马和希拉里·克林顿及劳拉·布什，他们会制订周全的社交计划，建立强大的人脉后盾。

如果你想更娴熟地发展人脉，不妨尝试一系列技巧并找到让你感觉舒适的有效办法。首先，你可以尝试以下几种策略来结识新朋友，并巩固现有的交际圈：

1. 乐于助人

发展人脉的关键就是互相帮助，互相支持。在和别人简短会面时，你也许只需要给对方一个微笑或者说一句友善的话语。一个重要的原则就是留个心眼儿，不失时机地加深别人对你的好感。在这方面，请尝试以下办法：

（1）牵线搭桥

一个人有需求，另一个人有相应的资源，你就可以帮忙介绍这两人认识。如果你眼前的这个人要前往一个新的城市发展，而你的一个朋友一直在那儿生活，并在为自己的公益事业寻找志愿者，那么，只需一封电子邮件，你就可以立刻介绍这两个人认识。

（2）出席活动

如果你认识的人要做演讲或者策划一场他们非常重视的活动，那么你要尽可能出席。他们很可能会因此而一直记着你。

（3）不吝喝彩

如果你的熟人在某方面做得很好，要让他们知道你发现了这个闪光点并向他们大加祝贺。不要害怕表露自己的情感，要乐于和别人一同分享这份激动。

（4）急人所急

如果你看到某人过得不顺，不要等他们给你打电话。换位思考，如果你需要他们，他们肯定也会来到你的身边。

（5）自告奋勇

要想了解一个人，没有比与他/她共事更好的方式了。如果想融入一个团体，就要想办法帮助他们开展项目。也许你可以主动加入一个工作委员会，或者参加非营利组织，为自己的社区做贡献。

2. 关注当下

你每周都可能要跟很多人发生简单的接触。如果你像多数人一样，在互动的过程中并没有真正注意听对方所讲的话，而是在思考自己接下来要说什么，或者在担心另一件事，那么请集中注意力，从日常对话中获得更多的信息。每次与只有点头之交的朋友简单碰面时，都要把注意力完全放在对方身上。在建立人脉时，只花费时间是不够的，还要学会用心。

3. 随时随地，打造人脉

当你致力于建立人脉时，你自然会改变自己日常的模式，并且积极参加各种聚会。但不要把建立人脉的场合局限于偶尔需要出席的特殊活动。真正的人脉大师并没有那么强的目的性，他们会参加很多活动，每到一个地方都会建立人脉。每一次你出去参与社交活动，无论是去开家长会，还是去健身房，都有机会交到朋友。

4. 每个人都很重要

有些人在社交场合总是喜欢找最重要的人物搭讪，这会令人很不舒服。其实，真正高明的人明白每个人都很重要。他们知道今天自己对某个小职员报以善意，今后也许他/她就会买他们的产品甚至掌管他们的公司。

5. 化敌为友

你完全可以去接触工作中的竞争对手。随着时间的推移，鸡毛蒜皮的不快都将被遗忘，你们共同的经历会变得更为重要。你曾经的敌人也许会变得对你很友好。

6. 讲究技巧

你可以使用以下技巧，确保你在会议和其他活动中顺利建立人脉：

（1）混个脸熟

你可能会觉得如果某个会议或者派对上没有一个你认识的人，那么去参加这样的会议或派对并没有意义。其实并非如此，你最好还是出席。从长远来看，露个脸也会给你的人际关系加分。人们会习惯于你的出现，很快，你就能混个脸熟。

（2）三思而后行

在任何正式场合，人们都很可能会问你：“你是做什么的？”因此，在前往活动现场的路上，你可以训练一下如何进行自我介绍，到时候就能快速地说出一个最佳的版本。同时，自己也要在脑海中准备一些问题，以在做完自我介绍后，抛给对方。你的问题不一定非要和职业有关。我之前玩过一个游戏，就是看看我能让多少人谈谈他们的宠物。

（3）大胆尝试

大部分人有时候会感到羞涩。如果在某个场合没有人主动跟你交流，或许只是因为他们也不知道该聊些什么。这时，你要克服紧张情绪，主动跟独自坐着或站着的人交流，介绍自己，大胆地去了解对方，不过要先想好交流的问题。这个时候应该主动一点儿。如果对方不理你，也不用太在意，人家毕竟不了解你；也许那是对方的问题，不是你的问题。

（4）乐于服务

如果想给别人留下好印象，你就要积极寻找机会，帮忙打理杂务。很多会议结束之后，会有一系列的后续工作，与会者也有机会加入某些机构。这时候你可以主动加入相关的委员会，留下自己的邮箱，主动请缨，分担工作，即使只是收拾茶杯也无妨。

（5）保持联系

如果遇到很有趣的人，要想办法跟他们保持联系。例如，告诉对方你们上次聊得很尽兴，发一些对他/她有帮助的信息并留下自己的邮箱。在恰当时候，表达自己的感谢和祝福。

准备好采取行动构建自己的人脉圈了吗？在起步时，可以采取的一个方法就是，广泛结交同一个专业领域的人。总之，要对自己圈子里的人有清晰的认识，设立目标，维系老朋友或结交新朋友。

11

得到赞扬，该如何回应

从小到大，我一直认为对待别人的赞扬，要怀着谦虚的态度。有人夸我衣服好看，我会说，“衣服很便宜，也穿了好几年了”。

进入律师行业后，当我费尽心血完成一份备忘录，然后得到同事的赞扬时，我还是会习惯自谦地说“过奖了”或者说“这是大家共同努力的结果”——我总是这样淡化自己的功劳。

我的这种典型回答其实并不合适。一方面，合伙人无法对我的工作质量做出客观的评估。他不会知道我在想什么，看不到我为编写这份一流的备忘录而付出了巨大的艰辛，而只会按照字面理解，认为这项任务确实没什么困难。

另一方面，当我回避赞扬时，原本非常开心的时刻瞬间变了味儿。合伙人在向我祝贺时心情本来还不错，听了我的回答，非但不会感到愉悦，而且还会略感失望。这本应该是个皆大欢喜的场景，我却让气氛一下子冷下来了。

我这种回应方式不仅让夸赞我的人感到失望，而且还会让我因此错失良机，错过一些夸赞本可以带给我的好处。

直到我成为一名管理者，才懂得了回应别人赞扬的诀窍。夸赞能增加人们的愉悦感，对于夸赞者和被夸赞者来说，都是如此。

对于你的大脑来说，每当听到别人的夸赞，就像是获得一个奖励。你可以把它看作别人给你的一个小奖励。研究表明，得奖之后，你的表现会更为优异。既然如此，别人夸你时，不要急着回应，想想别人溢美之词背后的良好祝贺，暗示自己接受别人的夸赞。

当你准备回应时，记住两点：一是反复告诉自己，是你的努力赢得了对方的赞扬；二是要让对方心情舒畅，这样一来，你下次表现好时，他还会夸赞你。

如何接受别人对你工作的夸赞

知道了夸赞背后的“规律”，就很容易学习该如何得体地对待上级和同事的赞扬。只需要稍加练习，就能掌握以下5个步骤：

1. 常说谢谢

别人赞扬你时，首先要语气真诚地说“谢谢”。即使这时你的脑袋里萦绕着一个声音“我配不上他的赞扬”或者“他只是随便说说吧”，你也要忽略这个声音，保持微笑，真诚地表示感谢。

2. 表达喜悦

如果你出色地完成了一项任务，不必过度压抑你的满足感。说完谢谢之后，尽可表达出你内心的喜悦，比如你可以说“我很自豪能够完成任务”或“很开心我能出一份力”。

3. 分享功劳

你不用否认你的付出。但如果那是团队努力的成果，你就不能独揽功劳，而应肯定他人的贡献，你可以说：“没有汤姆，我也做不成这件事。他很厉害。”

4. 回敬赞扬

在别人夸赞你之时，要学会“回礼”，这样才能让快乐得以延续。你可以说，“你的建议太有用了”。但一定要真心实意，虚于应付的赞扬只会适得其反。

5. 长话短说

如果双方没完没了地恭维对方，只会适得其反。如果察觉到对方没有停下来的意思，你可以羞赧地说：“不要说了，再说我脸都红了。”

有效应对“冒牌者综合征”

非常成功的人有时也很难接受别人对自己的赞扬，因为他们总觉得自己名不副实，是个“冒牌者”。如果你感觉自己像个“冒牌者”，受不起那样的溢美之词，你要知道，有很多人都持有同样想法。有时候，很多在某些领域功成名就的人在内心深处也会有同样的感受。你应该努力尝试着去忽略这种不适，以下3种技巧能帮你更加自如地接受别人的赞扬：

1．细化目标

如果你将目标细化并获得上司的同意，你的表现每个人都会看在眼里。如果你制订了可衡量的目标及相应的行动方案，并按照方案去执行，最终一定会获得成功。这时候，你会更容易接受别人的赞扬，因为他们说的都是事实。

2．问个明白

有时候你羞于接受别人的赞扬，只是因为这种赞扬太虚无缥缈或者夸大其词。如果你认为自己做得不够好，可别人却对你赞赏有加，你就应该弄明白其中的缘由。如果你跟上司关系比较好，在受到夸赞时，可以进一步询问自己的成就中还有哪些不足。

3．战胜自卑

问题的症结也许不在于别人的溢美之词，而在于你内心一直有个声音在抗拒。如果别人夸赞你时，你总是习惯性地告诉自己“我做得不够好”，你当然无法享受夸赞。你应该多去关注自己的潜意识反应，尝试着忽略或否定自己的那个声音，告诉自己，“别人认可我的辛勤付出，我很开心”。

当你像创业家一样独立工作，像总裁一样承担责任时，你可能会感到孤独。想克服这种孤独，你就应该注意接收别人的反馈，同时也要提出自己的反馈意见，不仅要和自己的上下级这样，而且要在广泛的工作关系中做到这一点。

12

学会积极反馈

“积极”一词的外延很广，包括一系列思维方式和个人情绪，如快乐、平静、欢乐、希望和灵感等。过去十年来，科学家越来越发现，积极的心态会对生活质量产生至关重要的影响。首先，积极的心态能够让人心情舒畅，因此对身心状态具有很大的影响。除此之外，它还会改变大脑的运转方式。

从领导者的角度来看，很有必要了解“积极”与“生产力”之间的联系。毫无疑问，大部分人在积极的工作环境中表现得更为出色。

诚恳地讨论团队问题非常重要，尤其是当团队出现问题时。如果要提出批评意见，最好针对某件事本身，而不是针对某个人，而且应该在总体积极的谈话氛围中提出。

人类的大脑总是过于关注负面信息，这是进化的结果。正是由于我们的祖先对周边的威胁时刻保持着警惕，人类才得以生生不息，而与人类同时起源的那些危机意识不够强的物种最终都灭绝了。在职场中，这意味着人们可能对负面评价更敏感。如果某天领导的反馈中有50%是在批评你，你会觉得领导对你完全没有好感。

有调查显示，如果80%的工作反馈都是正面的，员工的工作效率最高。我有一位客户叫乔西*，他在美国联邦政府的一个机构中担任法律总顾问，起初他完全无法理解这种说法。一份员工调查显示，他手下的很多律师都觉得不受重视，工作散漫，积极性也不高，对他的领导方式也颇有微词。因此，他找到我，希望我能给点儿建议。

乔西刚开始竭力辩解，满眼轻蔑，他说："他们都是成年人，做好工作是他们的本分，难道还指望我感谢他们？我没给钱吗？如果我什么都没说，那就说明一切正常，因为一旦出现问题，我就会提醒他们。"

我告诉他，得到赞赏和认可是人的基本情感需要，也举出大量的研究数据，向他证明人在积极的工作氛围中效率更高。

最终，乔西同意进行一项试验。试验要求他每个工作日都在口袋里放3枚硬币，每感谢或称赞员工一次就拿出一枚硬币。硬币没拿完就不能回家。乔西表示，试验第一周，出乎他的意料，他很享受这个过程。不过，在说"做得好""谢谢"时，他还是会觉得有点尴尬，所以他想找更多的机会进行练习。于是，周末的时候，不管是在家里还是去咖啡厅，乃至去任何地方，他都会练习赞美和感谢别人。

他练习得越多，越觉得称赞他人非常轻松。他自己也很享受这个过程。“最神奇的是，这样做不仅能让对方高兴，我自己也很开心。”他说。不久之后，他就不在口袋里放硬币了，因为他不再需要用这样的方法来提醒自己。乔西表示，他说“谢谢”已经说上瘾了，这甚至改变了他看待生活的态度。

巧妙地赞美和感谢下属，是提高团队工作效率的催化剂，它能鼓舞士气，鼓励创新，激励成长。即使你不是领导，只要经常对团队成员的付出说声谢谢或给予认可，也会有助于让整个团队的工作氛围变得更加积极，同事之间的合作变得更加融洽。

常说谢谢，练就强大领导力

通过称赞的方式来激励他人也需要一定的技巧，你的反馈必须真诚且有针对性。尝试以下8条建议，就能激励下属再接再厉：

1. 保有诚意

虚情假意不但没有效果，甚至会让人感觉不舒服，而且对方可能很快就会明白真相。因此，在表达感激时，要发自肺腑，真诚地说出自己的感受。

2. 杜绝笼统

具体的感谢比笼统、随意的一声“谢谢”更为有效。称赞他人之后，可以再指出对方的具体闪光点，如“我尤其欣赏你跟其他同事的相处方式”。称赞某个细节不仅能取得更好的效果，还会让对方备受鼓舞，从而更有工作激情。

3. 全身心投入

“谢谢”的力量一部分来自你对对方的重视。在表达感谢时，要尽量跟对方保持眼神交流，认真观察对方的回应，发挥这句赞扬应有的作用。

4. 不要认为理所当然

如果我们的工作一直很出色，同事就会理所当然地认为这是常态，不会太当回事。因此，如果这时候有人能够认可这份成就背后的努力，我们会觉得格外兴奋。当你对一个优秀的团队成员表达感谢时，请让他明白你理解并感激他取得的所有成就背后的艰辛。

5. 把握分寸

一点儿小忙就感恩戴德，不仅看起来很假，而且令人尴尬。同样，别人帮了很大的忙，你只是蜻蜓点水般地表示感谢，也会显得不够尊重。用什么样的方式，什么样的话语表达谢意，要与他人对你的帮助大小相称。对于一般性的举手之劳，往往一封简单的电子邮件就足以表达谢意。但如果别人为你挥汗如雨，电子邮件就显得分量太轻，当面致谢才更为妥当。

6. 付诸笔端

不要小看手写记录的作用。花一点儿时间坐下来，一笔一画记下一起做过的事情，会让人感觉很好。

7. 出其不意

形式化的赞美是很重要，比如在年度述评会上，但这远远不够。时间长了，例行公事的评价不管多正面，总是会让人感到沉闷乏味。所以，要出其不意地表达感激或赞美，这更能让人信服。

8. 及时赞扬

如果你觉得一件事办得很漂亮，就不要吝啬赞美，而且要当场就说出来。像其他形式的反馈一样，感谢或肯定的话语，当场说出来会更有效果。

经常说“谢谢”，百利无一害

如果你常常寻找机会去表达对他人的感谢，你就更容易关注和支持那些最重要的价值观和活动。有研究表明，如果一个人愿意花时间表达感激，他的焦虑感也会随之降低。说些温暖的话，会让自己感觉愉快，有时候得到的回应也会加深这种体验。

13

被误解为马屁精又何妨

埃迪·哈斯克尔（Eddie Haskell）是最具盛名的影视人物之一，那部让该角色深入人心的美国电影《反斗小宝贝》（*Leave It to Beaver*）至今仍被多次重播。埃迪是沃利·克里弗（Wally Cleaver）的朋友，为人圆滑世故，诡计多端。为达到目的，他经常极尽阿谀奉承之能事，是个两面三刀的家伙。正派的人，都不会想变成他那样。

有所专长的人往往特别厌恶被别人看作马屁精，以致有时候会因此错过大好机会，没能交到朋友或达成目标。我的客户里面，最担心自己会变成埃迪的人，往往是最不像埃迪的正直人士。

特丽*就是这样的人。她是个安静内敛的金融怪才，梦想着能够调到公司另外一个部门工作。特丽有个同事叫阿尔，他在公司待的时间长，比较了解那个部门的领导。特丽的梦想需要阿尔的支持，但是她觉得阿尔虽然为人聪明、事业有成，却总是自以为是，喜欢成为焦点。

我建议特丽找机会拉近与阿尔的关系，说一些赞美的话以给他留下好印象。然而特丽的反应是："对，他十有八九会很开心。可我并不能那样做，我讨厌奉承别人。"

尽管这样做对特丽的未来有重大意义，但她依然不想跟阿尔这种看起来傲慢又喜欢被奉承的人做朋友。我告诉特丽她完全不需要低声下气，姑且先试着找找阿尔的优点和专长，列出一个单子，然后看看在哪些方面阿尔的意见或许真的很有用。

特丽把阿尔擅长的领域找了出来，发现处理一些项目时，阿尔的见解相当有用。之后，她偶尔会请阿尔指导一二。令特丽惊讶的是，阿尔表现得很友好。渐渐地，阿尔竟然成了特丽的工作导师。最后，在阿尔的指导下，特丽如愿转到了梦想的部门。而当初，特丽觉得跟阿尔接触就得阿谀奉承，这个想法差点让她失去了一个良师益友。

特丽的经历不是孤例。谦虚而自知的人，往往最担心被误解成马屁精。

你会因为怕有讨好之嫌，而不愿意真诚地赞美他人吗

你会因为别人可能觉得你有所图谋，而不愿意夸奖别人吗？如果会，你可能是反应过度了。很多时候，称赞别人本身就是发自内心的行为，所以不要让自己被那种担心是在讨好别人的念头所困。在以下7种情境下，不必担心自己对他人的赞美会被误认为拍马屁：

1. 营造一种积极向上的氛围时

正如我在第12章中提到的，研究表明，人们在以肯定评价为主的氛围中工作时，往往效率更高。如果你为了营造这样一种氛围，说出的都是真诚的鼓励话语，大家并不会觉得你别有用心。

2. 面对领导时

你会因为不想被当成阿谀奉承的人，所以不愿意对领导说“佩服”吗？现在，试着思考领导会怎么想。他可能就是那种处处不甘人后的人，并因此爬到了这个位置。假如所有人都害怕开口去赞美他的成就，他便会觉得不被认可。领导得不到员工真诚而积极的反馈，就会不利于整个团队的健康发展。所以，不要太有“自知之明”，像对待同事一样友好地对待你的领导吧。

3. 想交新朋友时

只要不是夸大事实，对一个你想深入交往的人表示尊重或感激是完全可行的。说些友好而温暖的话，既不失礼貌，又是发展友谊的好方法。

4. 最好避免冲突时

虽然你跟某些人永远不可能成为朋友，但也免不了跟他们相处。当他们表现得令人恼怒时，你的抱怨只会让事情更糟。如果他们是那种恶霸型的，你的不胜烦扰只会招来更多的折磨。在与难以相处的人打交道时，你不妨先让自己进入一种既放松又自信的状态，然后试着发现他们身上的闪光点，这样你就能够用一份真挚而实在的赞美，来缓和紧张的气氛。

5. 需要道歉时

某些时候“卑躬屈膝”无可非议，比如忘记某个重要的截止日期，部门假日派对上说了令人不快的话等。做错了事，放下自尊乞求原谅又何妨。

6. 想表示善意时

无论你和对方的地位如何，让别人感到舒服或者帮助别人舒缓情绪总归是好的。有时候出于同情心，你会想对别人说些鼓励或安慰的话，不要因担心旁人会怀疑你的动机而选择不说。但如果你不太擅长安慰别人，那就另说了。

7. 感到害羞时

当人们说“我不想拍马屁时”，真正的原因是他们不敢迈出那一步。当你犹豫不决时，请仔细窥探一下你的内心：你是真的认为这样做不妥，还是只要一想到引起别人的注意就手心冒汗？害怕没什么，但务必要做出聪明、理智的选择。

倘若你想诚心称赞或感谢某个人，就不要因可能受到愤世嫉俗之辈的批评而退缩。

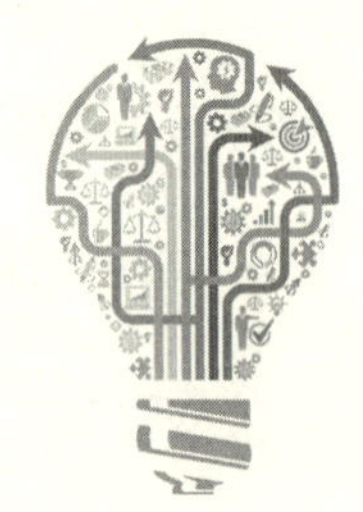

14

利用游戏心态积蓄能量，锁定目标

乔治*刚刚晋升为经理，当我询问他的工作近况时，他迟疑了一下才说："客观来讲很不错，但我不知道还能坚持多久。"

值得高兴的是，经过两年的团队打造和技能培训，乔治的团队已经能超额完成所有任务，并被公司授予"优秀部门"的荣誉称号。

然而，其他部门的领导却对他们的荣誉和资源虎视眈眈。他们动用手段给乔治的优秀员工分派其他任务，来挖乔治的墙脚。我问乔治到底失去了多少员工，他说："一个都没有，但为了保住他们真是心累，我无时无刻不在斗争，我不知道还能不能坚持下去，压力太大了。"

我想到了乔治非常喜欢桌游，突然脑中闪过他跟朋友在一个派对上厮杀几个小时的场面。紧张的时候，他们互相大喊，互相取笑，但游戏结束后，他们又觉得刚刚的厮杀很好笑，谈论着游戏多么有趣。

我问乔治能不能退一步看待团队所面临的挑战，把它当作一个策略游戏，就像跟朋友玩得不亦乐乎的那种桌游一样，只不过游戏中的对手变成了同事。他这才意识到工作上的较量之所以令人疲惫，是因为这种较量似乎已经演变成了私人恩怨。他领导的团队刚收获了赞誉，其他经理就对他付诸心血的重要项目冷眼相待，这无异于狠狠扇了他一耳光。

乔治决定看淡公司的钩心斗角，以玩游戏的心态对待它。他会提醒自己，对他项目造成冲击的决定只能反映局势复杂，跟他没有多大关系。他越来越善于从日常的摩擦中迅速地抽离出来，时不时后退一步把注意力重新转移到更大的目标上。当他集中精力往前看时，他发现工作又变得有意思了，压力也没那么大了。

如何开发职业游戏激发能量

游戏的元素包括目标、难关、规则，通常还有玩家之间的互动。如果你在为某个工作问题烦扰不已，或者对每天重复单调的工作感到无聊，不妨试着将其当作一个游戏。以下几点可以帮助你开展这种游戏：

1．制定游戏规则

如果你觉得职场问题一团糟，那就换个角度，把它当成一个你必须学会的游戏。然后问自己：我的目标是什么？我该怎么做才能达到那个目标？我的对手是谁？每次行动都会带来什么样的结果？是否有越界行为？

2. 同时参与多个游戏

有段时间乔治感到很矛盾。他的职业终极目标是找到一份有威望的政府工作，但当把重心从现在的职责转移到在更大的圈子拓展人脉时，他感觉自己在背叛自己的公司。他说："当我意识到可以同时玩两个游戏后，我的事业开始有了起色。每天早上，我不仅想着如何在日常工作中更上一层楼，还思考如何为梦想的工作做准备。有了这个额外的目标和驱动力，我的工作表现更为出色，同时也为未来打开了一扇门。"

3. 了解别人的游戏

在工作圈子里，与同事直接竞争的情况很少，但有时候还是会遇上的。聪明的玩家总是尽量了解同事的目标，并适时帮助他们。有时候你发现，你跟他们有着共同的目标，并能想出办法一起玩，这时候就可以结盟。

4. 让工作变得更有趣

如果觉得工作无聊，可以设想一个能够助兴的游戏，比如挑战自己的极限，看能不能更快、更好地完成一件事，或者采用不同的解决方法。设立一个目标，使这个目标逼着你学到新技能，改变现有习惯或者拓展人脉。在你想法设法使工作变成更有趣、更加享受的游戏的过程中，你的效率也就相应地提高了。

5. 记录结果

“游戏化”一词指的是把非游戏事件当作游戏一样玩起来。游戏化的目的通常是让你了解自己或别人的实时表现。这个概念已经被应用到了健身方面，人们在锻炼时会穿戴智能设备，记录自己每次的进展，并将汇总结果分享到特定朋友圈中。有些公司领导把无聊、机械的工作变成游戏，即在员工中公开他们的绩效，以期进行良性竞争，提高员工的工作积极性。个人也可以把自己枯燥的工作变成游戏，记录自己的每一次成绩，并在达成目标时对自己进行奖励。

当你把事业看成一场来日方长的游戏时，你就不太可能因为眼前的问题而裹足不前了。经常问问自己对未来几年有什么规划，根据这个规划设计一个“游戏”，然后置身其中，培养技能，开发资源，最终达到目标。

15

做好准备，巧妙推销自己

假如猎头找到你，给你机会做一份你很感兴趣的工作，你能迅速表明自己就是合适的人选吗？如果你的上司或客户让你谈谈你是如何利用自己的时间的，你能对答如流吗？新的机遇和意想不到的挑战可能很快就会出现，但是如果冷不防地让你谈谈自己的工作业绩，你可能并不能迅速地给出一个让人满意的答案。一些人在被问及近期做了哪些事时，其大脑甚至一片空白。

想要自己的事业不断向前发展，就必须学会展示自己过去的工作经历。就算你安于现状，对现有的工作毫无挑剔，你也需要时不时地露一手，证明你有两把刷子。如果你想加薪升职，或者让别人知道你已经做好准备挑战回报丰厚的任务，那么你就需要懂得如何推销自己。

就算没人来问你工作做得怎么样，为了在工作中不断成长，你也最好能够时刻对自己的能力和状况有个客观的了解。如果经常留心自己在哪些方面做得最出色，你就会在以后的工作中根据优先级规划好自己的时间。

以下几条策略能够让你在展现自己业绩方面做到有备无患：

1．准备一个“集赞”小锦囊

说白了就是“荣誉”档案袋。平时把这个档案袋放在手边，遇到任何对自己的积极评价，都随手收集起来。我见过一些这样的袋子，里面塞满了客户手写的感谢信和表扬信。这个袋子里很可能杂七杂八什么形式的反馈都有，大到新闻报道或是培训课程证书，小到一条很随意的致谢留言条，总之只要能证明你表现出色或是对你的正面评估，就可以统统塞进这个袋子里。你可以把这个档案袋放在办公桌的抽屉里，也可以备份到云端。如果到目前为止，你的档案袋还空空如也，你现在就需要着手收集一些有关自己的推荐信或是感谢信，以备不时之需。

2．别拿“绩效管理”不当回事儿

你所在的公司可能每年都会有一次绩效评估。通常，公司会在年初时设立目标，到年终结算薪酬时，对目标的完成情况进行评估。这种评估大多流于形式，很少会有人关注。但其实这是一次好机会，你可以自告奋勇负责整个评估流程，借此机会做你想要做的事情。你可以为自己设立有意义的目标，定期记录实施的进展情况，这会帮助你详细了解自己工作中所取得的最重要成就。

3．量化自己的工作和成果

你的简历、工作报告和项目总结要通过相关数字来反映，才会更加有用，并令人印象深刻。打个比方，假如你是一位公关经理兼多产作家，为了打动你的未来雇主，你可以说你经常写博客，还撰写了大量的新闻稿。但更加直观有效的方式是告诉这位雇主，在过去半年内，你一共写了60篇博客，平均每篇有两万次的浏览量，除此之外，你还发出了83篇新闻稿，获得至少327次的媒体报道。如果你一直留心记录下这些经常进行或是特别重要的工作成果，你就可以随时随地简单有力地展示自己的业绩。

4. 记录问题和解决办法

在职场中，你所做的工作不可能每天都受到褒奖，有时，你可能要解决争议和投诉，甚至要为自己做出的错误决定承担后果。有头脑的专业人士会直面这些难题，努力找到解决方法。但随着时间的推移，人们可能只记得曾经出现了什么问题，却忘记了问题究竟是怎样解决的。所以，你需要对自己成功处理过的问题做个记录。

如果你在工作中，能够记录自己参与的各项工作和人们对你的积极反馈，你就可以随时随地快速地总结出自己工作中的各项亮点。除此之外，这份记录还可以在今后的工作中指导你做得更好，在你灰心丧气时为你打气。

16

培养特质，提升气场

找我来做培训的客户经常会问我这样一个问题："怎样才能具备领导气质？"这个问题很难回答，因为"领导气质"这个概念本身就没有明确的定义。很多人认为"领导气质"是领导者应该具有的品质，而且只有优秀的领导者才真正具备。其实，分析"领导气质"的特性并不容易。

你对"领导气质"的定义可能基于你所知道的某个非常有气场的领导，这个人总是自信心爆棚，不费吹灰之力便可以成为众人瞩目的焦点。有时，只有在"领导气质"缺失时，你才会最真切地体会到它的价值。这让我想到了埃德*。他是一位出色的企业律师，但在公司管理层几次出现空缺职位时，他都没能得到提拔。我问这家公司的首席运营官（COO），埃德有没有高升的可能，她回答说："没有。在我们眼中，埃德是一位很有天分的技术型律师，但公司不会提拔他，因为他不具备'领导气质'。"

虽然她并没有明说到底什么是"领导气质"，但我明白她的意思。埃德起草法律建议书的水平无人质疑，但当问他问题时，他却显得犹豫不决，支支吾吾，不自然地在走廊里踱来踱去。

他天生就不是当领导的料。他不具备那种自信、庄重和驾驭能力，也就是人们所说的“领导气质”。

通过这份清单来培养你的气质

有时候你会不会担心自己特质不够？虽然业绩出色，但却害怕自己因为缺乏强大的气场而错失职场机会？气质这种东西就像“爱”和“幸福”一样，看不见摸不着，学又学不来。但是你可以通过努力，让自己起码看起来更像是一位领导者。你可以改变自己的外在形象和行为举止，甚至改变思维方式和对自己的看法，这些都可以帮助你培养气质。

如何表现得更具有领导气质？下面列出了几个关键因素。想要在这方面加强的话，不妨针对下面的8个问题找找自己的软肋，然后重点强化。

1．你是否对领导力有一定的认识

第5章已经提及，当你清楚认识到领导者应具备哪些品质后，身体力行表现得像个领导者就不那么困难了。如果对领导没有清晰的概念，可以先列出你认为领导者应该具备哪些品质，比如可靠、诚实、乐观等。经常翻一翻你列出的这些品质，可以时刻提醒自己在日常生活中践行这些优秀品质。

2. 你是否看起来井井有条

如果你经常迟到，桌上文件乱七八糟，总是无法在规定的时间内完成任务，你的形象势必会大打折扣。同事们会觉得，你做事不够有条理，没能力完成任务。苏茜*是名通信系统咨询师，觉得自己虽然有点粗枝大叶但是很有创造力。对于迟到这件事，她总是这样为自己开脱——“嘿，你知道我们这些有艺术细胞的人就这样”。但慢慢地，苏茜才发觉同事们都觉得她有点过了。她意识到，继续这样下去，是晋升不了客户经理的。苏茜开始去规划自己的时间，把其他事情都安排得井井有条。她也和同事说了，自己正在接受训练，以变得更有效率、更有条理。苏茜改变了形象之后，很快就如愿升了职。

3. 你是否需要装扮一番

虽然以外在形象来衡量一个人有无领导气质有失公允，但外在仪表代表了你的整体形象。打扮合宜、衣着得体，会让你更像个领导者。而穿着过时、不够整洁，头发乱糟糟的话，会让人觉得你邋遢，不像一块当领导的料。

4. 你是否有当众演讲的能力

在开会时积极发言、提出有见地的想法，会增加你的气场。你不仅需要做到发言简洁扼要，还需懂得如何与他人互动。在表达观点的时候，你应该让在场的人有参与感，注意他们有哪些疑问、看法，在做出回应的时候要保持开放的心态。

5. 你是否心口一致

无论是面对一大群听众还是跟一个人交流，不犹犹豫豫，不在谈话时过分自谦，而是直奔主题，会让你更有领导气质。你可以让同事帮忙观察你是怎么和别人说话的，看看你是不是喜欢说一些过分自谦的话，是不是喜欢一开口就是“我不是专家啊，但我觉得吧……”，这种开场白很不讨喜。一个人如果不确定自己在说什么，还怎么指望别人信服。

6. 你是否精力充沛

想要表现得像个领导者，还需要保持旺盛的精力。睡眠不足，没精打采，身体欠佳都会让你看起来不像个领导。毛毛躁躁也不行，总跟打了鸡血一样会给周围人造成巨大的压力。想要表现得更有活力，就要保持健康、健壮的体格，做些冥想之类的事情会让自己保持冷静。

7. 你是否知道怎样让自己看起来更自信

具有领导气质的人会让人觉得沉着冷静，可以随时应付任何问题。但一个人光靠过往的光辉成绩，还不足以让人相信自己有能力应付未来的挑战。就算自己知道能胜任，别人也可能并不清楚这一点。想让自己更自信，并且懂得如何让别人也更相信你，首先要像第7章所说的那样，学会避免受到心里消极想法的影响。

8. 你的肢体语言说明了什么

非言语行为往往比言语更重要。别人难免会下意识地通过你的姿势、表情甚至是一些不经意的小动作对你做出判断。他们甚至会对你的一颦一笑、身体姿势等“做出反应”，他们的情绪会随之发生变化，变得和你差不多。哈佛大学心理学家埃米·卡迪做了一个很有意思的研究，她发现人类大脑会接收身体和表情所传达的信息。如果你表现出自信的姿态，思维和情绪也会对你的姿势做出反应，让你感到更加自信。

对于领导气质这个问题，从概念上来说有些复杂，但我也亲眼看到过许多职场人士在这方面进步很快。我知道一个事业有成的经济学家，她叫莉迪娅*。她比较注重细节，这一点使得她运作了许多成功的项目。但她是个完美主义者，每次接到任务，就开始烦恼该怎么开始着手才好。莉迪娅的上司告诉我，莉迪娅那种焦虑的神情让人觉得她对自己的计划没有把握。她老是这样紧张、犹豫，下级也不知道该不该听她的。

莉迪娅自己也意识到，自己要表现得更果断一点，才能更好地领导别人。为此，莉迪娅对自己进行了各种“心理暗示”，最终发现有两个技巧比较管用。首先，在开会之前，她会先确定自己的与会目的，比如她会想“我要提出某某观点，而且要表现得很感兴趣、非常肯定”，然后莉迪娅会用“我已经把计划做好了，准行得通”这样的话不断鼓励自己。

同时，莉迪娅也开始注意自己的肢体语言，意识到自己紧张的时候会习惯低头、交叉双臂，还会耸着肩。看了卡迪博士以“肢体语言决定了你是怎样的人”为题的演讲之后，莉迪娅开始练习“有气势的姿势”。在做演讲或是出席重要活动之前，莉迪娅会先做一些简短的预热练习，比如将双手举过头顶，呈V字形。莉迪娅告诉我，这个方法确实让她更自信了。除此之外，她还定期参加瑜伽课，发现瑜伽可以让她自我感觉及在别人看起来都更加放松。

在莉迪娅进行了几个月这样的训练之后，我和她上司聊了一次。看到莉迪娅在这么短的时间里变化这么大，他很惊讶。

培养领导气质，你需要多管齐下

快速培养领导气质的方法有很多，从较深层次来看，有意识地提高自我认知能力也是其中一种。下面这些问题可以帮助你从4个方面了解自己：

1. 身体层面

- 我的站姿怎么样？看起来紧张吗？放松肩膀等身体部位会不会好一点？
- 我的面部表情怎么样？眉头够不够舒展？下巴够不够放松？能不能露出微笑？
- 我的呼吸自然吗？有没有太轻或太重？需不需要做个深呼吸？

2. 理智层面

- 我是不是被担忧和后悔的情绪纠缠？也许我该暂时将它们搁置一边？

- 我今天的首要任务是什么？接下来一小时要完成什么？
- 我为完成迫在眉睫的任务制订了什么计划？
- 我是不是应该暂时放下那些还没解决的问题，多去关注一下他人？

3. 情绪层面

- 今天有没有发生强烈触动我情绪的事？如果有，是什么事？
- 情绪波动有没有影响到我对待他人的态度？
- 我现在心情如何？
- 在继续开始工作之前，我需要对情绪做哪些调整？

4. 精神层面

- 哪些重要价值观有助于我今天的决策？
- 今天我的行为是否符合我最珍视的价值观？
- 令我感激的三件事是什么？
- 我是不是应该抽出一点时间冥想、决断或快速祷告？
- 我能给别人提供帮助吗？

17

转变职业生涯，从“一颗糖法”开始

人生时有艰难，时有困惑。在某些时刻，生活需要大变动，有时甚至意味着重新择业。我的职业我做主，但在行动前，我们需要提前做好规划。

没有方向怎么办？解决这个问题没有捷径。重新择业，做好前期准备工作是十分必要的。多年的培训经验告诉我：单纯地做梦与实现梦想之间隔着一个系统的规划，而这个规划将帮助你一点一点地做出改变。

制订变革规划

不管你想跳槽，还是想提升现有工作的表现，制订一份适合你的规划都很重要，因为它会令你的起点变得清晰。在工作中，我常常向客户推荐我从小用到大的一个改变自己的小技巧。我父母是新西兰人，受他们影响，我自小爱喝茶，而且我喜欢放很多糖和很多奶。但是作为一个青春期少女，我又怕变胖。我不想改变每天放学后喝一杯茶的习惯，但是戒糖对我来说又实在是比登天还难。

有一天我灵机一动，想出一个好办法：我可以每天少加一点糖，这样我就不会察觉到味道有变化了。于是第二天，我坐在餐桌前，两眼盯着满满一匙糖看了好一会儿，才决定放回去一些。在接下来的几天里，我估摸着前一天的糖量，每天都比前一天少加一点点。坚持了一段时间之后，糖量终于从两三匙减为零。这段时间有多长呢？将近一整年。一整年的坚持让我习惯了喝不加糖的茶，并且没有因此而觉得少了乐趣。

我将这种方法命名为“减糖法”，即在相对长的一段时间内通过毫不费力的小步循序渐进，慢慢实现目标。在我的青少年阶段，“减糖法”帮助我养成了不少好习惯。拿清洁房间来说，我通过几件小事让自己形成了“保持房间整洁”的意识，比如提醒自己定期关闭衣橱门，以及每天早晨花五分钟清扫房间。

在俄亥俄大学读大四那年，我再次用起了我的“减糖法”。当时，女生受到不公平待遇的现象十分严重。为改变这种现象，我开始参与男女平等运动。我清楚区区一个“减糖法”不足以扭转固有的社会成见。既然暂时无法兼济天下，那就先从独善其身做起吧。

我向自己承诺：每天起码做一件小事，以表示我对提升高校女生地位的支持。事不在大，即使是像每天减少一些糖这样的小事，我也要坚持每天都去做。

开始很容易，我总能想起几件能做的事，比如在班级里就男女平等发表演说。但随着时间的推移，我的灵感渐趋枯竭。不得已我只好跨出舒适区，开始挑战我并不擅长的事。我在会议上做发言，创建了一档以男女平等为主题的广播节目，后来我还成为俄亥俄大学MBA项目的第一位女性。

在我挖空心思想“每天一件小事”的过程中，我发现，我对失败的惧怕少了，而创造性却在提高。终于，校长注意到了我，让我做他的助理，还让我就“女性地位”的话题写一篇详细的报告。这份报告中的大部分提议均被采纳，最终推动了教育法修正案第九条（Title Ⅸ）在俄亥俄大学的实施进程。这对于联邦立法禁止高等教育领域的性别歧视具有里程碑意义。我并不懂体制变革，我只是在实施我的“减糖法”。

我在工作中接触过许多女性。在与她们单独交流中，我经常鼓励她们进入历来由男性主导的工作领域。记得在只有二十几岁的时候，我有一次接到一项任务。原因是当时系里有一些女性同事，其中不乏一些比我阅历丰富的前辈，有意向申请领导岗位或者进入不曾向女性开放的职业领域。我的任务就是给她们提供建议。

我没有接受过职业发展方面的培训。那段“减糖”的经历再度给我以启发，于是我构建了一种新模式，并称之为“一颗糖法”。我用这一模式引导那些专业人士重新审视她们的目标，并开始朝着新的方向努力。

这些年来，在探索不同职业发展的道路上，我不断地将“一颗糖法”运用到我的工作中。同时，作为导师、经理和培训师，我也无数次地把它分享给其他人。

诚然，在众多类似的指导模式中，“一颗糖法”并不是通往成功的唯一道路。但是40年来，我一直在用它去引导人们的职业转变，对于它的成效，我有十足的信心。

如何运用“一颗糖法”完成职业转变

假设你已经厌倦了目前所从事的工作，但是又对自己下一步想做什么感到迷茫。如果要我给你提供指导，我会建议你试试下面的五步法：

1. 描绘你的职业愿景

所谓愿景，就是一个愿望清单，你可以罗列出你希望下一份工作具备哪些要素。即便你的职业愿景不是那么明晰，也不要为此担忧。清单上的内容很可能会让你大吃一惊。

（1）罗列目前职位的优缺点

清单第一项写上你目前的工作有哪些优点，或者说有哪些你希望在以后的工作中保留的东西。然后想想缺点，那些与缺点相对应的优点是否也可以出现在你的清单上？比如，工作缺点之一是目前的工作没有机会与人打交道，那你就可以在清单上增加条优点：多与人接触。

（2）穿越到未来回望现在

假设现在是三年以后：在过去三年里，你对自己的职业很满意，而且在业内做得风生水起。现在，请你描述下是什么让你收获满满并感到心满意足？在这想象的三年里，你做了什么？你是靠什么赢得了现在的好职位？你是不是结识了一些新面孔，或者在社交媒体上获得了一定的关注度？相信通过这样的想象，你的愿望清单一定会增加不少新的元素。

（3）思考你想要什么样的人生

若你今后的生活都被工作占据了，问问你自己，这是不是这份工作最令你讨厌的地方？为了让人生更有意义，你是否应该在愿望清单里列出培养兴趣爱好或发展人际关系的时间或机会？比如，你真正想要的是有更多的时间陪伴孩子，那你应该在职业愿望清单上增加“周末少加班”；或者，你想要去一个截然不同的地方体验生活，也可加在清单中。

2. 描述最迫切希望实现的目标

在列好愿望清单后，确定几个可以实现的目标，为职业转变做好准备。对许多人来说，列出“三个目标”是一个很好的开始。初期目标不必太精确，可以是泛泛而谈。比如：（1）扩展职业网络；（2）学会更好地调节压力；（3）培养在某一重要技术领域的专业技能。

3. 确定每一目标中的“糖块”

纵使你的目标并不具体，但只要确定下来，你就应该开始寻找可以作为起步的一些小事，也就是“一颗糖”。从“一颗糖”开始，慢慢地累积、改变，你就会离预定的目标越来越近。所以，这一步你要做的是确定每一目标当中的“糖块”，然后向着目标前进。比如，你的目标是减压，那这颗糖就可以是去上冥想课，或者订一本减压读物。在你创建“一颗糖”清单时，请铭记以下要点：

（1）从哪里起步并不重要

我之所以不把这些小事称之为“步骤”，是因为它们之间没有所谓的逻辑顺序。清单上的“糖块”之间也可以没有必然联系，有时候它们看上去还比较随机。这些都无所谓，重要的是，你开始为实现目标做出实际努力。你找到的“糖块”越多，方向就会越清楚，目标也更清晰。

（2）糖块差异大

假设你的目标是在业内表现更突出，那你的第一批“糖块”可能会有：给一位老朋友发邮件、出席一场以往多半会逃掉的活动、花一个小时注册领英账户、买一个笔记本开启新的写作计划。你的糖块越多样化，越有创造力，目标就越容易实现。

（3）一颗糖催生另一颗糖

我很喜欢做了一件小事之后，又突发灵感，想做另一件有趣的事情。比如，在吃午饭时，你认识了一个有趣的人，那你的“下一颗糖”就可以是给他发条消息联络一下。

4. 保持好“糖块”行动的节奏

明确目标之后，你就要决定向目标迈进的速度。这将决定为实现某一目标，你每天或每周所要完成的“糖块”的数量。比如，你想转行，但并不是那么急迫，那么你可能每周只需保证完成一件事情即可。速度的快慢并不重要，重要的是确定节奏并加以保持。最重要的是：即便是在你没有新的想法或者没有时间去落实的时候，你仍在保持行动的节奏，这才是“一颗糖法”的魔力所在。

5. 做好记录

做好“糖块”行动的记录，有利于你最终实现目标。记录会让你发现自己的进步，给你带来全新的认知，并创造出新的“糖块”。至于是在纸上还是在云端记录，你可以自由选择。除了记录下你完成的事情之外，还可以用日志的形式记录活动的进展。比如，无论你是在日程表上标注，还是在Excel的表单中记录，如果你能记录自己每时每刻的活动，那么你坚持完成计划或行动的概率就更大。另外一个重要的记录工具就是你的日记。写下自己的努力过程有助于进行自我反思，发觉并记录下新的想法和灵感，并让你找到能够应对职业转变中沮丧和挫折的必杀技。

想要做出改变，最难的便是迈出的第一步，实施“一颗糖法”计划也是如此。但是一旦你走上了正轨，计划本身就能给你提供正反馈。你会越来越觉得这个方法靠谱，并且相信它会让你的生活变得有趣，给你的生活带来重大的改变。当你朝着目标一步一步迈进时，你可能会反复尝试，调整每次小改变的计划。最终当你完成目标时，你会像很多我的客户那样感慨道：“就在我刚开始觉得有趣时，我的目标就实现了。我真怀念这个过程。”

18

借助“一颗糖法”，改变职业生涯

我在上一章中介绍的“一颗糖法”让我的职业生涯发生了改变，我也用它来指导我的学员和客户。这个方法的核心思想就是，先弄明白你想要什么，然后坚持有规律地做一些小改变，朝着目标方向前进。你不必每次都做出很大的改变，甚至可以像糖块那样小，但是如果你坚持这种有节奏的改变，这个过程一定会给你的生活带来积极的变化。

不久之前，我收到了一封来自苏珊*的电子邮件，她是一位素未谋面的读者。她告诉我她50多岁了，希望在目前的工作领域中从事一份新职业。

“我现在身体状况非常好，打算继续工作8~10年。但是我想离开现在的工作环境，干点和现在工作内容不同的事情，并且还想多赚一点钱。请问您有什么建议吗？”苏珊问道。

这还真是个挺大的问题。如果苏珊是我指导的客户，我会首先回问她一系列问题。但是由于苏珊负担不起职业指导费用，我决定为她制订一个求职计划。

如果你想在当前领域中寻找一份新工作，可以采用“一颗糖法”循序渐进

苏珊完全不知道如何在目前的工作领域中找到一份不同类型的工作。我运用“一颗糖法”为她制订了一份推动职业转型的方案：

1. 列一份完整的愿望清单

首先列出下一个职业发展阶段你想要的所有东西。想一想，有什么东西不仅会让你工作更顺利，而且会让你今后的人生更加丰富多彩。有时候我们想要通过改变职业来得到的东西，其实不改变职业也能实现。比如，当你觉得无聊或寂寞时，你可以在工作之余培养一些新的兴趣爱好来让自己的生活充实起来；当你很喜欢你的工作，只是觉得薪水不够高时，可以考虑做一份副业。

2. 整理愿望清单

根据你所憧憬的新生活，可以对愿望进行分类。从大的方向去思考这些类别，它们可以是“健康与健身”“社交生活”或是“理想的工作类型”。之所以建议你列举出这些宽泛的类别，是因为某种程度上它们能让你意识到不是所有的愿望都需要通过变换职业来实现。同时，它们还能给你的事业带来意想不到的好处，

因为生活中任何积极的改变都能给你的工作注入新的活力。我常常遇到这样的情况，当客户在某一个领域有所进步时，比如健身课程或是志愿活动，他们的工作也会相应地发生积极的改变。

3. 保持节奏，持之以恒

将愿望分门别类后，就可以开始做一些小的改变，即按照“一颗糖法”，一步一步地实现每一个类别的愿望。针对每个类别，计划好每个星期需要完成的“糖块”数目。重要的是找到适合自己的改变节奏并一如既往地坚持。例如，在最开始的两个月，你可以规定自己每个星期要做到以下几点：

- 用“三块糖”开展职业调查。在第一周的“三块糖”可以是：（1）给一位专业人士发一封邮件，邀请他/她共进午餐；（2）花20分钟上网搜寻相关的资料；（3）花30分钟完善工作简历
- 开始锻炼，每周三次，每次步行20分钟
- 启动社交活动，比如打电话约朋友过几天一起吃晚饭

4. 开展调研，关注行业动态

当你每天忙于工作时，很可能就会忽视你所在行业领域的最新动态。你应在计划中列出这样一项与工作相关的“糖块”任务：观察并找到你身边做出巨大贡献、赚大钱或表现尤其突出的人。要尽可能多地进行阅读，不仅如此，尝试加入由与你工作领域相关或相近的人组成的协会或是举办的会议，你能从他们身上学到不少经验。

5. 系统地建立人脉

你的“糖块”清单还应该包括接触有可能愿意和你进行头脑风暴的人。这份名单不应仅有你已经熟知的人，还应该有虽然不太熟但是精通此行的专业人士。然后联系你所列名单上的人，约他们喝咖啡或者找其他机会去拜访任何可能洞悉行业最新动态或是给你提供机会的人。询问你能联系上的人，看看他们能否推荐一些其他可能愿意跟你谈一谈的人。不要担心会打扰到别人，如果真的没时间，他们会告诉你的。还有一点，如果他们愿意和你交流，请记住等将来你成功的时候，一定要回报他们，或是把他们的善意传递下去，帮助其他正在求职的人。

6. 利用社交网络

社交网络如今在求职领域变得十分重要。求职者们如果没有在领英建立个人主页，他们的机会就会比其他人少很多。在推特（Twitter）上，你可以与招聘人员或是其他通过电话和邮件联系不上的人进行交流。

7. 学习新技能

报班学习是获得新技能，拓展视野的极佳办法。当你沉浸在学习状态中时，你能从新的角度审视你的日常工作，萌生出更多新的想法。同时，通过学习获得的证书也是你追求卓越的证明。在本地大学报班学习，还可以拓展人脉。如果你所在的地方没有大学，远程教育也是一个不错的选择。

8. 参加志愿活动

要想培养其他方面的技能，就应该想方设法获取新的体验。从加入社团或服务机构开始做起便是个不错的方法。

9. 寻找同伴

转换职业的过程容易让人感到孤独，这时你需要找一个同样在转换职业的朋友，你们可以定期见面，交流想法，分享人脉，相互激励。你们从事的职业不必相似，因为不同工作领域的人可能会启发你看待事物的新角度。

我后来没有收到苏珊的回信，但我把这个方案分享给了其他读者，很多人都表示效果极佳。

19

改掉不良的说话习惯

创意经常在见解、背景和技能各异的人的共同协作中自然而然地产生。相比由背景相似的专业人士组成的团队，多样化的团队更有可能带来创新。只要成员相处融洽，团队的多样性可以产生惊人的创造力。如果你所在的团队是多样化的，成员们相处融洽，那就再好不过了。

但是要融入一个多样化的团队绝非易事，如果你说起话来总是不讨人喜欢，就可能被团队拒之门外。

帮助年长的同事改掉不良谈话习惯

如今在职场中，管理人员为了培养员工的创新思维，就让45岁以上年龄的专业人士和相对年轻、更熟知科技和社交媒体的同事配对协作。这种由不同年龄段组成的团队潜力无限，不加紧进行团队建设未免太可惜了。然而，不同年龄段的人交流的方式有时会有所不同，这也就成了跨年龄段合作的障碍。

事实上，50多岁的人和20多岁的人有时会觉得对方的谈话很无聊。年龄歧视问题似乎日趋严重。在职场中，因代沟产生的交流困难对50多岁的员工造成的影响最大。在会议或午餐期间讲话时，年纪高于团队平均年龄的人会因为说起话来拖泥带水而显得不够专业。如果他们给同事留下了落伍的印象，便会遭到排斥从而无法参与最有趣的项目。

最近，有一些50多岁的朋友谈到了我们这代人说话沉闷，喋喋不休，尤其是，我们自己也都承认有时会不停地抱怨自己的痛苦和烦恼。连年龄相仿的我们都觉得这种谈话让人厌烦，较为年轻的同事更会敬而远之。

因此，我们开发了一种"蓝色警告"的游戏，它可以让我们提醒对方避免令人厌烦的唠叨。这个游戏的玩法就是在对方开始像个老人一样不停唠叨时，小声地提醒他改变话题。开展游戏的前提是，你的态度必须友好，并且对方愿意参与这个游戏。

在这个游戏中，一旦上述情形出现，你可以小声提出以下3种适用的警告。

1. 蓝色警告

"蓝色警告"（对老年人而言）意味着让说话者停止抱怨自己哪里不舒服。但这并非意味着不能和好朋友严肃地谈论某些健康问题。游戏的目的只是在可以选择更好的聊天话题时，帮助彼此克制自己，不去谈论背疼等健康话题。如果想要开展这个游戏，就需要事先和你的同事约好，当你在谈话时埋怨自己的身体状况时，让他小声地说出“蓝色警告”提醒你。

2. 绿色警告

“绿色警告”是我在本地的小餐馆里无意听到邻桌的人谈话时想到的。当时，一对看起来比较富裕的年轻夫妇正带着男方的母亲吃晚饭，她看上去六七十岁的样子。在浏览过菜单之后，她非但没有赞赏各种菜品看起来多么好吃，反而大声抱怨餐厅定价太高，让儿子尴尬不已。

当服务员问她需要些什么时，她说：“我很想点剑鱼，但是我不能让我儿子付那么多钱，所以给我来份意面。”她儿子顿时觉得羞愧难当，邻桌的人也对她投以白眼。同样，在很多其他场合，包括在职场中，讨论现在物价多昂贵时，也会出现类似的情形。所以当同事浪费时间谈论自1995年以来物价怎么不断上涨等话题时，你应该用“绿色警告”小声地提醒他。

3. 金黄色警告

“金黄色警告”适用于有人打断对时下话题的讨论，却开始谈及以前这个社会的种种情况时。金黄色是美国20世纪60~80年代广泛用于家用电器和室内装潢的颜色。但是人们早就不再使用这种颜色，现在也仍然不喜欢这种颜色肯定是有原因的。如果你在应该考虑未来时却不停地缅怀过去，那么请你最亲近的同事用“金黄色警告”小声地提醒你。

无论长幼都须注意说话习惯

并不是只有年龄较长的人会因为讲话招人厌而让自己显得不够专业，任何年纪的人都可能因为大肆谈论听众不感兴趣的话题而不受欢迎。即使话题是有趣的，只要讲话方式令人厌烦和费解，最终也会词不达意。

新近毕业的大学生有时会因为“用升调说话”而使同事感到厌烦。惯用升调的说话者在陈述句末尾也喜欢用升调说话，这让人听起来像疑问句。这种习惯非常幼稚，它会改变话语的含义，让人觉得你很胆怯。

在重视文明谈话的文化中，任何满嘴跑火车的人，都会被归类为不善沟通。在强调积极向上的团队中，满腹牢骚的人永远无法成为核心成员。最后需要注意的是，如果你说话时断断续续，一句话里穿插了太多的“这个”“那个”或是“就是说”，别人可能没法理解你的观点。

通常我们不会注意自己的说话方式，可能也没有意识到说话方式会影响我们的表达和沟通能力。如果你还不确定自己的交谈方式给人的印象如何，可以请你的朋友仔细听一下，并让他们把听到的内容反馈给你；或者把下次谈话录下来，看看是否存在以下问题：

- 会不会反复使用类似于“棒极了”或者“我说的对吗”这样的表达？
- 讲话声音是否刺耳，或者很难让人听清？

- 表明观点是否用时过长，有时甚至在争论获胜后仍喋喋不休？
- 是否因为语速过快造成他人理解上的困难？
- 是否会使用类似于“我其实不太确定，但是我认为……”这种试探性的话语削弱自己的观点？
- 无论讨论什么话题，是否总是在强调“我自己”？

当你的说话方式让人感到乏味、厌烦甚至费解时，别人可能就不会留意你到底讲了什么内容。因此，一定要注意自己的说话习惯，要明白，谈话风格也属于个人品牌形象的一部分。

20

巧用日程表，为成功铺路

你是不是总是在为要做的事情太多但时间又太少而感到焦头烂额？如果你想在不增加工作时间的前提下完成更多的事情，那么你需要以更好的方式来管理自己的日程安排。但是，如果你现在连自己每天到底要做什么都没搞清楚，就想去安排日程表，那简直是天方夜谭。

要优化管理日程表的方式，首先，你应明确自己在工作时间内究竟做了些什么。你可以花一两周的时间做一个详细的记录，以便更准确地了解自己是如何利用时间的。你需要记录每天做了什么，以及在每件事上花了多长时间。当你回头看自己的记录时，你也许会惊讶地发现，每周有不少时间都浪费在了无关紧要的事情上。

当你对自己的时间有了更好的掌控时，你就可以调整日程表，从而提高工作效率了。在日程表的帮助下，你可以把注意力集中到最重要的工作上，并且能够合理分配你的时间和精力。

这些策略可以帮助你优化日程表

我的客户吉娜*是一名企业高管，薪水丰厚，在公司里举足轻重，她做梦都没想过自己可以这样成功。在对她的同事、客户进行“360度绩效评估”的访谈中，我发现在大家眼中，她是一个精力充沛、聪明能干又富有同情心的人。

但是吉娜却来参加我们的培训，因为她觉得自己的工作开始失控。她待在办公室的时间越来越长，但效率却很低，所以工作越积越多。她开会经常迟到，并且总担心自己会忘记重要的事情。她还会因为没时间处理团队可能会碰到的大麻烦而感到苦恼。

我让吉娜花两周的时间详细记录自己是如何利用工作时间的。当她仔细回顾工作日志时，她被自己的实际工作方式吓了一跳。她发现自己把很多时间浪费在处理无关紧要的邮件上，而且她总是任由自己的工作计划被打乱。她过去一直对自己的“开门政策”和出了名的对同事有求必应感到骄傲。但是，当她发现自己的工作曾无数次被打断时，她突然明白自己为此所付出的巨大代价。对于最重要的工作，她反而投入了较少的精力。

她认为提高效率、减少压力的关键是改变自己处理日程表的方式。首先，我们讨论了吉娜的工作是如何被各种各样的“承诺”占据的。她每天都要许诺许多的事情，比如答应参加几个会议，承诺确保重要项目取得进展，以及答应帮助几个焦急的同事审阅初稿。她会把这些会议排进日程表，哪怕这样会没时间做自己最紧要的工作。但是后来她又往往会把注意力转移到电话接听、同事来访及各种小麻烦的处理上，一连几个小时内根本没时间看自己安排得满满的日程表。

通过工作日志，吉娜发现由于没时间看日程表，她多次错过了完成工作的规定期限。她这才意识到每次她迟到或失约时，都会让别人为难甚至失望。她表示，“我终于知道自己为什么如此焦虑，其中一个原因就是我的行为一直让周围的人感到失望”。

吉娜决定重视自己的日程表，把它作为安排时间和各种承诺的主要工具。在接下来的几个月时间里，她逐渐养成了新的工作习惯，学习了新的时间安排技巧，还学会了把注意力集中在最重要的工作上。学会正确使用日程表后，吉娜不但可以更好地掌控时间，而且感觉工作的压力也减轻了不少。这些帮助过吉娜的时间安排技巧可能对你同样有用：

1. 花点时间做计划

每天早上第一件事就是看日程表，其余时间也要经常看，这样你才知道接下来要做什么，然后可以提前做些必要准备并发现问题。善于发现任务和任务之间的间隙时间，提前考虑好如何利用这些时间完成最紧迫的工作。

2. 协调待办事项列表

当你查看自己的任务列表时，把待办事项按类型分成几组，比如打电话或发电子邮件。然后把时间分成几块，每块时间完成一组任务，比如当你需要打很多电话时，可以计划在一个小时内把你要打的电话都打完。

3. 让日程安排与生物钟同步

很多人发现自己在一天中某些时段的工作效率比其他时段高。吉娜知道自己早上头脑最清醒，而经常在傍晚的时候感到很累，思维混乱。但她从工作日志上看到，以往早上她经常回复电子邮件，跟同事闲聊，处理相对简单的行政工作，却把最有挑战性、最重要的工作留到一天结束的时候，为此她不得不时常熬到深夜，疲惫不堪，无法很好地进行思考。所以她重新规划了日常的工作，将早上的大好时光更多地投入重要的任务中。每周中有几天她会关上门，几个小时不查收电子邮件。她说新的做法改变了她的生活。

4. 争取缩短开会时间

假如没有那么多的会要开，你会有更多的时间去完成那些重要任务吗？也许你参加的一些例会根本不用开那么长时间，如果你为由此而浪费的时间感到沮丧，那么其他人很可能和你一样。即使你不是会议主持者，你也可以说服你的同事试着加快会议进程，比如通常要开1个小时的会，你可以建议在45分钟内开完。

5. 排除干扰

一旦制订了当天的计划，你接下来的挑战可能就是要排除电话、电子邮件和来访者的干扰，抑制一心多用的冲动。为了提高效率，你可能需要改掉一些旧习惯，比如每10分钟查看邮件或者每次电话一响就去接。工作日志可以提醒你日程计划在什么地方容易出问题。有时候履行对自己的承诺意味着你要学会如何拒绝其他的请求和诱惑。

6. 灵活调整日程计划

你面对的需求在不断变化，生活往往会打乱你精心制订的计划。你的目标是以最佳方式利用日程表来管理承诺而不是被其左右。面对意料之外的事，你可以调整计划日期和最后期限。吉娜发现，当她学会提前为日程计划问题做准备并制订出替代方案时，工作压力就小多了。

7. 根据当务之急协调时间

你的日程表可以清楚地显示你的时间都去了哪儿，每当看到它时，要时常问自己：是不是按照轻重缓急来安排的时间？是不是把大部分时间都用在了最重要的事情上？面对别人的请求，当你手头的事需要你表示拒绝时，你是不是还是说了“行”？有没有为对你个人来说重要的事腾出一些时间，如去健身房做运动和其他关心自己的方式？当你做计划时，记得不仅要履行对别人的承诺，还要履行对自己的承诺。

8. 学会说“不”

你每天的大部分时间或许都花在了那些看似紧急但实际并不那么重要的事情上。你愿意去开会或承担任务，或许并不是因为它们对你很重要，而是因为你想显得友好或者不想引起矛盾，又或者“行”只是你下意识的反应。如果是这样的话，也许你更应该学会说“不”。当你找到方法婉拒那些跟你当务之急的工作相冲突的请求和机会，并加以练习时，说“不”就变得容易多了。一个有用的方法是在说“行”之前停一下，问自己如果说“不”的话，会付出什么代价。比如，如果有同事邀请你参加一个听起来很有趣的会议，在答应之前要斟酌一下，想想还可以利用那个时间来做其他哪些事情。

21

重要事情，优先处理

我在第20章中提到了客户吉娜如何通过优化日程表来更好地掌控工作。她更加积极地管理工作计划，是希望将更多的工作时间投入最重要的事项中。然而，当我让吉娜列出最紧要的事项时，她却难以决定该列出哪些内容。

谁都希望每天只去处理那些看似最紧急的事情，吉娜就经常因此而忘记次等重要的目标，因为在任何时候看来，那些目标比起别人当下的请求都显得没那么重要。

吉娜意识到自己并没有足够的时间或精力可以消耗，于是下定决心更加认真地思考如何区分出重要的工作。她决定每周能够早些去一次自己最喜欢的咖啡馆，就在市区办公室附近，花一个小时左右的时间回顾日程表和任务列表，明白眼下工作的重点所在。下面是吉娜用来规划紧要事项的7个要点，类似的方法也许对你也同样适用：

1. 具有全局意识

规划紧要事项的良好基础是起草一份关于最重要事项的列表

或说明。吉娜写了一份“职业愿景”，主要列出了她的核心价值观和工作目标，其中包括“培养团队成员”，“在职业领域内与时俱进”和“留出时间参加丰富的社交活动”等。她把自己的“职业愿景”和日程表放在一起，留到每周回顾紧要事项时看。

2. 划分工作的优先级

吉娜知道，她虽然列出了很长的任务清单，但它们的产出效率各不相同，她在判断孰轻孰重时总是犹豫不决。她的主要问题就是容易受其他人对轻重缓急看法的影响。后来，为了保持工作稳步进行，她决定将要做的事情分成以下四类：

第一类：对上司及对上司的目标与成功至关重要的事。

第二类：对直接下属的目标或者成功至关重要的事。

第三类：与日常管理职责相关的事，如人力资源或者预算问题。

第四类：可以交给其他人做的事。

3. 每天列出“必做的三件事”

吉娜还采取了一个新的做法，那就是每天早上列一个清单，清单上只有三件事，一天结束时这三件事必须完成。这个方法对她提高效率大有帮助。清单列出的事情都很有用且很重要，不管发生什么事情，只要完成了这些事，这一天就是成功的一天。吉娜把清单列在索引卡上，贴在可以频繁看见的地方。

4. 为重要优先事项安排好时间

吉娜与自己做了长期约定，在日程表上大概划出时段用来完成“必做的三件事”和第一类事情相关的任务。她感觉自己上午效率最高，所以通常将上午10点到中午的这段时间预留出来，并严格管理好这段时间。有时候，吉娜利用这段宝贵的时间专注完成单个项目，有时候她会快速扫过重要任务的多个琐碎的步骤。

5. 在不重要的时间段做不重要的工作

行政管理类工作和日常杂务可能没有重大项目那么重要，但也要及时完成。吉娜下午的时候效率较低，她就把这段时间用来处理那些不太重要的工作。她经常像玩游戏一样测试自己多快能把清单上的任务完成。在写完无聊冗长的报告以后，她有时会奖励自己——早一会儿下班。

6. 把时间花在刀刃上

有些事情不是所有工作安排中的当务之急，但还是要立即处理，因为从长远看来，这样会为你省掉不少麻烦。例如，如果你觉得开个简短的说明会能安抚不满的同事，那就把这件事加入“必做的三件事”的清单里。这种事情如果你等等再做，误会就可能越积越深，到最后你需要花费更多的时间和精力去解决。

7. 删除闲杂事项

你的工作清单或者日程表上有些事情其实并没有那么重要，不值得你花费时间。但它们总是赫然显示在你的清单上，有时会让你无法集中注意力或者产生负罪感。你要知道这类没有什么价值的琐事是永远做不完的，只要这样想，你就能长舒一口气。吉娜会详细检查她的日程表和工作清单，找出并删掉这些杂事，这让她感觉好极了。

尝试不同的优先排序办法，找到适合自己的一种

时间管理专家写过很多设定优先次序的方法。我一般不会随便向我的客户推荐某个具体办法，因为我发现客户最有可能像吉娜一样，都有自己的一套组合方法。

最重要的就是，你要定期停下来，斟酌一下你觉得必须做的事情孰轻孰重。考虑轻重缓急的时候，问问自己下面的问题：

- 按照重要程度，我会怎么给这些事情排序？
- 这些事情跟我今年的最高绩效目标有关吗？跟我最重要的长期职业生涯目标有关吗？
- 这是重要且紧急的事情还是紧急不重要的事情？
- 如果完成不了这件事，会有什么后果？
- 我的上司和客户最想从我这里得到什么？
- 做什么事情能保证今天是高效的一天？
- 我能从这件事中学到什么？它会有助于我成长进步吗？
- 这件事对我建立人际关系或者与他人增进友谊有没有帮助？
- 这件事能帮助我拓展业务或者拓宽工作职责吗？
- 做成这件事要付出什么代价？

22

让上司听到你的想法

“怎么才能让上司认真听我说？”我的客户经常会问我这个问题，或许你也有相同的苦恼。你是不是有时候因为得不到上司的重视，觉得完成一个项目很难？你是不是会因为上司不给你需要的反馈，回到家里闷闷不乐；会因为和上司关系不和睦而觉得整个职业生涯都失控了？

人无完人，大多数领导都非常忙，有的简直会忙到虚脱。然而抱怨并没有什么实际用处，当你和领导沟通交流出现问题的时候，不要两手一摊，因为那样到头来只会害了自己。

在职场上，不管多难，也要确保和上司及客户沟通顺畅。你的目标就是确保关键信息能传达给对方，尽管有时候会显得不公平——因为你要为此付出很大的努力。

更好地向上司传达想法的技巧

就算你跟领导沟通得很好，这些策略也能帮你更有效地传达信息：

1. 言简意赅

假设你的领导很忙，不愿意浪费时间。如果你让他给你3分钟的时间汇报重要工作，结果你讲了10分钟还没讲到重点，领导可能就会因为你在这件事上所浪费的时间而感到不耐烦。

2. 提前计划

开始对话前，在心里理清自己的要点，简单准确地将其表达出来。一次不要提太多，以免造成混淆和分散注意力。如果你要在会上讨论一些问题，建议把事项简短地写下来。一封内容简洁、一句话概括各个话题的邮件将有助于你以良好的方式展开对话。

3. 明确目标

有时你要在说什么和怎么说之间权衡一下。面对面交流时，你可能会宣泄自己的情绪，但那或许不是解决方法。巧妙地提出你的问题，重点是要提出积极可行的方案来支持你的特定目标。

4. 了解上司的沟通偏好

如果你与他人沟通不畅，也许并不是你说的内容有问题，而可能是你的表达方式和表达时机不对。每个人接受信息和分享信息的方式不同。比如，有的上司性格外向，善于利用外部条件处理信息，他希望你能提供建议，然后他再从中探索思考。当他在处理信息时，不太会留意你的事情，这个时候你就需要等待。还有的上司性格内向，认为聆听很麻烦。所以不要在他开完会后身心俱疲时与他交流。留意你的上司是如何和他的上级或客户交流的，试试用同样的技巧和他交流。如果他倾向于以书面形式表述他最重要的要求，那么你也要这样做。

5. 做个有心人

沟通能力强的人都善于聆听。你的上司肯定希望你能仔细聆听，这也能帮助你理解他的想法。但有时候虽然我们觉得我们在听，其实却把注意力放在了其他事情上，比如在构思接下来要说什么。当你真正专注于深度聆听时，上司会觉得你机敏、专注，很尊重他。

6. 迈过挫折

如果上司似乎没在听你讲，那么你实际上面临双重挑战。显然，首先是要打破僵局，成为更好的沟通者。但是在这方面你能做的也有限，大部分仍取决于你的上司。因此下一步就是要学会不让自己受此干扰。自己不纠结很重要，否则情况可能会更糟。写日记是检查自己是否有消极反应的一种方式，也可以宣泄情绪。

23

巧妙搞定上司

虽然成功的领导者个人风格迥异，但他们都具有一些共同的特质。比如，他们大都为人正直，有坚实的价值体系，发自内心地想要做正确的事情。我最敬佩这样一类领导者：即使所做的工作很卑微，或许还得不到认可，他们仍孜孜不倦，渴求进步，愿意提供服务。他们能在各个方面对其他人产生影响，也就是说，他们不仅善于管理下级，还能指导同事和合作伙伴。

有一些领导力很强的人还拥有一种特殊技能——对上级产生影响，让他们做出更好的决定，变得更有效率。例如，萨姆*是一家通信公司的副总裁，还有5年就要退休了，基本不可能再有所晋升，但他仍希望在退休前能为他深爱的公司再做些什么。

萨姆采取的做法是全力支持新上任的年轻总裁乔，并为其提供指导，但他并没有与同事们提及此事。由于工作关系，萨姆对公司的活动和客户关系有着清楚而全面的了解。他还费了一番功夫听取各级同事和股东的看法，把这些反馈和数据都收集起来并进行分类，然后有效地传达给乔。乔信息灵通，又有萨姆在一旁出谋划策，很快就适应了新工作。正因为自发地全力支持乔，萨姆在退休前几年的工作变得更加有趣也更加有益。

在我个人的职业生涯中，一位虚怀若谷，名叫戴夫·韦瑟瓦克斯的上司教了我最多有关领导力的技能。戴夫在担任美国压缩天然气公司高级副总裁和法律总顾问的十年里，总是保持谦虚低调的作风，从不爱出风头，但他影响力依然很大。

我在美国压缩天然气公司工作的第一年，经常仔细观察戴夫的言谈举止，希望学习他低调而有效的管理方式。终于有一天，我和一名同事要向戴夫当面申请一个重大提议，希望在一个公众宣传项目上得到他的支持。我们当时认为他或许不会同意这个项目。在解释这件事时，我把我所能想到的论据谨慎地做了要点编排以体现戴夫的目标、兴趣和可能的关注点。

戴夫听得很认真，他当场就同意了我们的提议，这真是出乎意料。他只是对预算做了些许修改，比我们之前申请的数额要大得多。在离开他办公室时，突如其来的成功让我们激动得难以自持。这时他从门后探出了头，把我们喊了回去。他对我们说："我只是想告诉你们，你们所做的我都看到了。只要你们干得好，我并不介意被牵着走。"

戴夫让我们明白了一点：向上管理对所有人都有好处，但要怀着正确的心态把它做得漂亮。如果你想做好向上管理的话，以下这些策略值得考虑一下：

1. 制定符合集体利益的目标

“向上管理”不是费尽心思地要控制整个局势，让自己看起来很风光，也不是跟人比赛，一定要占上风，而是从公司的利益出发，提出建议，进行指导并给予支持。如果想让上司听你的，就要为企业的发展提供一臂之力，同时不能有任何个人企图。要学着做个“隐形”的总裁，用你的远见和正直服务整个团队，无须让他人知道。戴夫的领导力特质之一就是由内而外的谦逊，他不会想着扩大自己的利益，但是会衷心地为更大的利益群体着想。

2. 明白上司的需求

如果你想影响或帮助你的上司，就要明白他的目标和职责是什么，了解他眼中的成功是怎样的。首先要知道公司的任务、现阶段的策略和基本的挑战都是什么，然后再弄清楚上司想要达到什么样的目的。

3. 保持自己的专长

戴夫之所以有如此深远的影响力，是因为他身为律师所具有的专业判断力深得众人的信赖和尊重。尽管后来他所从事的工作涉及许多不同的领域，但他依然是大家心目中的法律专家。努力把自己打造成某个领域的权威，绝对是扩大影响力的一个好办法。要能够发掘自己的专长，不断学习和巩固自己的专业知识和技能，与时俱进，从而为公司贡献自己的价值。

4. 以宽容的心态接受奖惩

戴夫深知功劳是可以分享的资源，而不是仅供个人囤积的财富。他会努力工作，让他的上司（公司总裁）满意，如果自己负责的领域取得了成效，他便会让整个团队一起分享功劳，感谢他们所付出的努力；但若是受到批评，他绝不让所有人一起挨骂。出问题的时候，他总是自己承担责任。如果有人犯了错，他通常会拿出律师的作风，仔细审视眼下的问题，尽快找出解决方案。

5. 反映问题时不要添油加醋

向上司反映问题时要直截了当，这样他才会觉得你靠得住，从而信赖你。实事求是，就事论事，不散播流言蜚语，不小题大做，不恶语伤人，这样便可树立自己的信誉，建立有效的信息搜集网络。注意措辞和说话技巧当然无可厚非，但如果你说的都是上司想知道的，他便不会觉得你在越俎代庖。

6. 办事井井有条

上司的时间是有限的，因此协助上司的一个原则便是不浪费他的时间。跟上司约谈要守时，严格按照日程安排进行，说话不要拖泥带水，以免超出约定时间。尽量想办法让上司的事务顺利完成，以免其被不必要的压力困扰。

向模范学习是提高“向上管理”能力的一个好办法。看看周围有哪些人在这方面做得比较成功，然后向他们“取经”。如果你恰好是一个小团队的领导，也可以留心观察一下，有没有哪个手下巧妙地影响了你做决定。注意他们之所以影响了你的决定，是因为节约了你的时间，给你提供了方便，还是可以让你更有干劲。

24

举止优雅，脱颖而出

吉米·法伦（Jimmy Fallon）荣登美国国家青年舞会联盟（League of Junior Cotillions）“2014年度十佳优雅人士”榜首，当我从收音机里听到评论员宣布这一消息时特别开心，这一称号他当之无愧。

美国国家青年舞会联盟网站称，将吉米·法伦列为“十佳优雅人士”榜单之首是因为他在主持《今夜秀》（*The Tonight Show*）这档脱口秀节目时，待人和善宽厚，表现出了无与伦比的风度。

“十佳优雅人士”榜首之位非他莫属。法伦的魅力在于他总是很乐意跟嘉宾交谈，很照顾嘉宾的颜面。他会由衷地被嘉宾取得的成就吸引，如果嘉宾讲了个笑话，他会发自内心地纵情大笑。正因如此，他的节目才深受观众的欢迎。即使你不喜欢看他的节目，也会情不自禁地喜欢他这个人。人们之所以欣赏他的这种为人处事之道，大概是因为他在低调地践行“黄金行为准则”，即推己及人。法伦与人交流的方式似乎在传递这么一条信息：我待你友善，相信你也会待我友善。

职场恐怕不是讨论优雅和礼貌问题的地方，不过如果有同事说某人“很绅士”“很淑女”，你肯定会马上明白这个同事的意思。优雅礼貌的人通常都很容易脱颖而出。大家都喜欢与有礼貌的人相处，因为他们不会忽略他人，会注意到他人的需求。

若想让自己拥有这样脱颖而出的个人魅力，就要向法伦学习，打造以礼待人的好口碑。当然，更重要的是要有应对大事的能力，比如同事遇到麻烦时要及时出手相助等。不过可以从细小的举止做起，一点一滴地积攒自己的人品。以下7点可以帮你学会吉米·法伦的绝招：

1. 勤打招呼

遇到别人打个招呼是最基本的礼貌，表示你没有忽略他们。一些不太懂礼貌的人可能会显得目中无人，但是简单说句“你好”就会显得你很友善，能马上拉近你与他人的关系。

2. 主动握手

美国文化很重视握手。握手能流露出人的自信和热情，能给人良好的第一印象，能与久别重逢的人重新拉近关系，也能让道别更显珍重。掌握最佳握手方式需要注意以下几点：

- 要迅速果断地伸出右手，当你与年纪较大或者是资历较高的一方握手时，尤其要注意这一点
- 握手前和握手时要看着对方的眼睛，同时还要注意礼貌问好
- 握手要有力度，但不能过重

- 握手的时候手要上下晃动，幅度不能过大，晃动的次数也不能超过两次

3. 懂得基本的说话礼仪

你的言谈举止代表着你的形象。以下是最基本的说话礼仪：

- 及时说“请”和“谢谢”
- 撞到别人或不得不打断别人谈话时，要说“不好意思”
- 不要说脏话、粗话
- 当别人取得好成绩时，要送上你的祝贺和赞扬，哪怕你心里有点嫉妒

4. 考虑别人的时间

别人在忙时，不要耽误他们的时间。

- 参加会议或和别人会面时要准时
- 收到邀请要尽快回复（为别人安排后续事宜节省时间）
- 别把时间浪费在对鸡毛蒜皮的小事夸夸其谈、喋喋不休上
- 开会或谈话过程中不要玩手机

5. 对待同事要有风度

你谈论他人的方式，会影响你在别人心中的形象。

- 不要和同事八卦别的同事
- 不要故意说上司、团队或公司的坏话
- 与刚入职的同事分享成绩，关注他们的工作并认可他们的努力

6. 文明争论

有创意的工作流程总会有分歧，专业而负责的人要敢于说出不同的意见，但要注意：

- 对事不对人，可以批评工作或想法，但不要对人评头论足
- 尽可能多发表正面评论
- 不要讽刺，讽刺不是幽默，反而会让人误解
- 给意见不同的人发言权，真诚倾听他们的想法，试着从他们的角度看问题

7. 文明用餐

餐桌礼仪的目的是确保大家用餐愉快，不会因某个人的粗鲁举止而扫兴。不要过分纠结到底该用哪个餐具，餐具摆放标准的一个重要原则就是让客人吃每道菜的时候都能方便地选择餐具。就算你拿“错”了，也没人会在意。另外，不要询问同桌的人哪个酒杯或面包是你的。按照标准，所有杯子都放在主餐碟的右边（“右边是喝的”），菜肴放在左边（“左边是吃的”）。除此之外，美国商界普遍接受的餐桌礼仪还包括：

- 当主人示意你该坐哪里时，不要拒绝
- 咀嚼食物的时候嘴不要张开
- 嘴里有东西的时候，不要说话
- 用餐保持安静，不要同时往嘴里塞太多食物
- 如果食物太烫，不要小口吸，也不要吹，等凉一点了再吃
- 不要用餐巾擤鼻子

◆ 不要在餐桌上剔牙

总的来说，吉米·法伦的魅力在于他能够传达“每个人都很重要”的信息。拥有这种魅力的人考虑事情非常周到。他们能创造一种大家都愿意参与并能好好表现的工作环境。大家自然喜欢与这样的人一起共事。

25

掌握道歉的要领

我在第19章提到，人们通常会以你说话的方式来评价你。如果你说话的方式令人讨厌，听你说话的人可能会听不进去，不重视你的话或者难以领会你的意思。但如果大家都觉得你说话靠谱，你的个人魅力就会得以提升。

想成为能言善辩、众人都乐意与之交谈的“万人迷”吗？提升说话技巧的第一个方法就是学会倾听，听听大家是怎样交流的，适应大家的谈话气氛。多听别人的谈话，能提高你对谈话的掌控能力，避免说得太多或太少，也不要表现得太热情或太冷漠。

除此之外，你还需要知道不同词语的表现力度。有些词语比其他词语具有更多的含义，因此在使用时要加倍小心。例如，“对不起”这类道歉语，通常包含遗憾、伤心和后悔等情感，而在实际应用中含义会更多：职场上的“对不起”可能表达包括后悔、恭维、迟疑或反抗在内的任何意思。

道歉语在不同企业文化中的含义会有细微差别。关于是否该道歉、该怎样道歉、什么时候道歉，以下是我的看法：

1. 做错事情一定要说“对不起”

当你没能把任务做好时，最好的做法是马上承认自己的错误，诚心道歉，然后迅速补救，确保错误不再发生。当你说出“是我的错”的时候，便是对受害者做出了一些道德赔偿。你的愧疚让他/她拥有某种高于你的权力，决定是接受你的道歉还是不予原谅。道歉对你也有好处，它像一个重置按钮，给你机会回到正常心态，继续前行。

2. 要有诚意

不是所有道歉都会让事情变好。只有真心实意地道歉，别人才有可能接受。为了表达你有多么后悔，你可以描述自己真正的感受（例如，“我难过得昨晚都没睡着”），或者提出弥补过错的方法。

3. 非诚勿说

如果心里感觉自己根本没有错，嘴上还说“对不起”，对方就会觉得你在侮辱他。“对不起”这三个字非常复杂，若你的非语言行为告诉对方你毫无愧疚之意，反而会激发对方的愤怒。如果在这种口是心非的情况下，还要扮个鬼脸或翻个白眼，就等于是火上浇油。要避免说“对不起，不过……”如果你认为自己没做错什么，就不用假惺惺地道歉，而应该把重点放在息事宁人上，说点积极的话，比如“一起来看看有什么办法可以解决问题”。

4. 不要开口就先说“不好意思”

如果你说“不好意思，不过说实在的，这草案真的不行”，这句话不会因为加了一个“不好意思”而变得中听一点。如果你真心感到遗憾，那么就明确指出自己为什么感到遗憾，然后直截了当地把其余想说的话说出来。你可以说：“有个坏消息，可能要让你周末泡汤了，客户要求把草案再改一改。”

5. 没什么好道歉时，不用说“对不起”

有些人有意识地把“对不起”挂在嘴上，来表达自己的顺从和谦卑。在其他人看来，这种习惯是潜意识里没底气的表现。不管怎么说，动不动就说“对不起”会让你看起来担惊受怕、无能为力。我有一个客户叫蒂娜*。她能力出众，非常自信，但有一个很不好的口头禅：每当她提问题或提建议时，总是会先说“不好意思”，这个口头禅慢慢成了她语言中牢不可分的一部分，但她自己却毫无察觉。当我指出她这个习惯后，她意识到自己听起来像底气不足一样。她最亲密的同事表示，这句口头禅很让人讨厌。经过蒂娜的同意，只要她在不需要为什么感到不好意思时说这句口头禅，同事就立即指出来，最终她改掉了这个坏习惯。

你是经常在说“不好意思”，还是你因觉得这几个字难以启齿而说得很少？只有更清楚地认识到自己的说话习惯，才谈得上是否需要做一些调整。要全面了解自己的说话特点，不妨连续几周做一个记录，把自己道歉的每个瞬间都记录下来，分析自己为什么道歉及道歉后产生了什么效果。有时，你很难注意到自己说了什么，因此不妨请朋友指出自己的说话习惯。

26

找到关键的 20%

我在商学院最深刻的回忆就是比尔·戴（Bill Day）老师有时会将课程大纲置于一旁，跟我们生动地讲述一些可能影响我们人生的事情。

有一回在课上，戴老师告诫我们应该遵守“二八法则”，把注意力放在重要的事情上。因为经验告诉我们，在任何情况下，绝大部分结果都是一小部分因素造成的。按照这个法则，你80%的成果都源于你20%的努力。80和20这两个数字不是重点，重点是你最终的成绩并不取决于你付出的努力或者花费的时间，所以你工作里的那一小部分活动可能才是成败的关键所在。

这个法则处处适用，也有各种叫法，比如有人也称之为“重要少数法则”。根据很多记载显示，该法则于一百年前首次出现并被用作商业指导理论，即“帕累托法则”。它是由意大利经济学家维弗雷多·帕累托（Vifredo Pareto）提出的，在任何情况下，绝大部分产出源于一小部分资源。比如，如果政府发钱给一些穷人，让他们去做小生意，不是所有的人都会成功，最后80%的收入会是由20%的人赚得的。

戴老师告诉我们，计算机模型可以解释一些理论，比如“二八法则”，这些理论可以证明宇宙不是一团乱麻、毫无规律可言。他以事实告诉我们，世界的运转是有一定逻辑的，这让人听了非常欣慰。他还说，我们应该注意发现事物的规律，以便利用它们在职场上或者生活中做出更明智的决定，我很赞同这个观点。

我们不一定要去理解这个理论的原理。但是如果你仔细观察，会发现“二八法则”处处适用：

1. 在一个大型企业里，绝大部分的业绩都是少数经理做出来的。

2. 也许你有很多客户，但是你大部分的收入都是从少数几个客户那儿来的。

3. 也许你卖的产品种类繁多，但是你的利润很有可能只取决于几款产品的销量。

4. 在你的所有客户中，20% 的人会提出80% 的投诉。

这条法则在你的个人生活中可能也同样适用：

1. 你也许干了很多事情，但真正能带来快乐的，只是其中一小部分。

2. 在你所有的本领当中，只有几样能给你带来很大的收获。

3. 在你认识的所有人当中，只有为数不多的几个人能给你带来幸福。

巧用“二八法则”，助力职业发展

这个法则可以让你在有很多事情要做的时候，把注意力放在最重要的事情上，不必纠结于一些无关紧要的小事。这样，当你感觉精力不够用的时候，就可以找到一个着手点。当你确定工作中最重要的20%后，就可以不再担心其余那些无足轻重的小事了。

当你在犹豫下一步该干什么的时候，不妨利用“二八法则”，做法如下：

1. 专注于大目标

不要想着抓住每个机会。当事情太多时，专注于跟你的主要目标最相关的工作，也就是对你最有利的20%的工作。

2. 不要事事都想做得完美

把时间放在你最擅长、回报最高的事上。假如你是一个擅长跟人打交道的筹款人，可是不太会写后续报告，与其花大把的时间伏案“挤牙膏”一般地写报告，还不如把这些时间用在和别人打交道上。但是为了在规定时间内完成工作，你需要想其他办法，比如妥善分派，外包任务，使用新技术，让上司安排别人去写报告——因为这不是你的强项。

3. 选好你的伙伴

要学会决定在什么样的人身上花多少时间。在职场上，要远离那些不讨人喜欢或效率低下的同事，尽量不要在那些爱唱反调的同事身上浪费时间。尽量和可能对你有帮助的同事打交道。

4. 用数据说话

有时候，有必要看看具体数据，计算自己的大多数工作成果所花费的时间和资源。我在第21章中讲如何管理紧要事项时提到过，坚持记日志有助于你更清楚地认识自己的工作模式。你可能会惊讶地发现，只有为数不多的活动却给你带来了绝大部分的收获。

5. 化繁为简

使用“二八法则”有时候只需要把零零碎碎的小事放到一边。如果事情看起来太复杂，就想办法把那80%推到一边，以便把重要的20%看得更清楚。具体做法包括：把一些工作委派给他人，推掉一些应酬，甩掉低值产品，简化日常工作，减少你为以防万一而留着的资料和其他乱七八糟的东西。

6. 做自己热衷的事情

找出生活中让你最满足、高兴和自在的20%的事情，然后相应地修订日程表。如果亲近自然能让你身心放松，而你却腾不出时间去公园里散步，那么现在就该调整一下你的日程表了。

27

建立互利互惠的师徒关系

在20世纪70年代的美国，职场就像是男人的“俱乐部”。为了让女性在职场的日子能好过些，女权主义者提出了“导师制”的概念。这些年来，导师制已成为职场主流做法，人们已经广泛认同，导师制对于男性和女性的职业发展都大有帮助。但是“导师”的定义千差万别，而且并非所有职场指导活动都有成效。究其原因，是由于职业指导同时也是在两人之间建立的一种关系，而若想建立一种稳固的关系，需要双方用心付出、真诚沟通，以及一些运气，这三者缺一不可。

任何一种健康的关系都需要双方互利才能够持续发展下去，导师制关系也不例外。刚开始的时候，导师帮助别人或许只是出于慷慨之心或者想要做个好人，学徒通常是最大的受惠者，导师会提供中肯的建议，在关键的时候还肯为学徒出头。随着师徒关系的发展，导师最终也能获益良多。

如果你是导师，那么你最先收获的乐趣便是有人认真听你的话并按你说的去做。渐渐地，学徒的问题和反馈也会让你有所感悟，发现全新的视角。长此以往，你们会开始真正的双向交流，建立信任感，从而能够相互寻求建议、分享观点，并且共同探讨微妙的职场难题。

几十年前，我出于想帮助优秀年轻人的念头，答应给他们当导师，这让我收获了几份宝贵的友情。每当想起师生情谊，我都不禁回忆起我的两位学生——安德烈娅·威尔金森和谢里·利特尔，对她们的感激之情也油然而生。我们初次见面时，她们还是年轻的国会工作人员，一方面为这份工作兴奋不已，另一方面对于如何在政府机构中好好发展也时有困惑。

安德烈娅先找到我，请我当导师，后来谢里也来了。她们都很有能力，和她们相处也很愉快，所以我就一口应承下来。一开始，大部分时间主要讨论她们的职场挑战与问题，但是没多久我就发现，我在给她们提供建议的同时，自己也学到了不少东西。这些年来，安德烈娅和谢里推动我走出职场舒适区，去开拓更广阔的职业天地，给我带来了许多客户和机会，增强了我的自信心，而且陪伴我度过了人生中的每一个重要时刻。

建立良好师徒关系的策略

师徒关系不论对于指导者还是被指导者来说，都大有裨益。如果你想多找些导师，或者推进与现有导师的关系，不妨试试这些策略：

1．从点头之交中找起

不要找陌生人做导师，因为人们一般都很忙，不可能在你身上下很大功夫。你应该另辟蹊径，在你的人脉网中寻找。我在第10章中提到过，你的人脉网除了最亲近的圈子以外，可以一直延伸到很多未曾相识但同属一个组织的人，比如同僚或者校友。在这些人中细细挑选，逐步建立关系，切记不可急功近利。

2．讲究沟通技巧

年轻人请求高级别的同事当导师，他们一般都会同意，但是往往之后就没有下文了。这样直接请求远不如循序渐进来得有效，先跟导师通个气儿，让人家知道你有这个意思，然后再多接触接触，加深了解。比如，你可以找一位资深同事，跟他说："我想在某某方面做得更好，您是这方面的权威，能否给我一些建议？"

3．要求务必具体

有些导师虽有心提供更多帮助，但却不知从何做起。他们没有读心术，所以当你觉得单纯的建议已经满足不了你的学习需要时，就主动说明，并且尽量说得具体一些。如果你在项目或工作流程中遇到了问题，或者觉得截止期限过于紧迫，就理清头绪再去请教，也便于导师对症下药，替你说说情或者为你出面解决问题。不过，如果导师碍于职务等级不高、权限不够、对情况了解不足而不便出面，就不要提出过分的要求了。

4. 良药苦口

导师最重要的作用一般是提供有建设性的反馈意见，虽然有时这种反馈不是那么悦耳。如果你在做一个项目，正好是你的导师熟悉的领域，那么你应该虚心求教。不要因为导师的反馈不中听，就感觉被冒犯了，也不要有抵触心理。

5. 互惠互利

只有师徒双方都付出努力且有所收获，导师制才能发挥出最大的效用。如果你想加强你们之间的关系，就要问问自己能给对方带来什么好处。你作为学徒能否为导师提供信息和支持，为增进你们的关系做出贡献？你知不知道导师最关心什么，喜欢什么样的活动和场所？

6. 尝试导师的角色

想和导师建立良好的关系，就寻找机会试着自己当导师。即便你在最底层的工作岗位上，也可以通过校友和不牵涉利益来往的关系网找到学徒。当你的指导能对学徒有所帮助时，你就会明白如何激发自己导师的干劲儿。

不论你出于什么理由想要成为一位导师，能帮助他人都是你获得幸福感的主要来源。如果你曾在专业领域内受惠于他人，现在就是你最好的报恩机会。即使你当年并没有得到别人的帮助，不妨现在也去帮助他人，启动良性循环，弥补当初的遗憾。要成为一位尽职的导师，以下几点建议可供参考：

1. 倾听学徒的想法

导师不是万能的，但是你可以主动向学徒提问，真诚听取他们的意见。

2. 要求学徒制订计划

当学徒有了具体目标，就建议他们制订计划。要帮助他们确定行动步骤和阶段进展，但后面的路还得由他们自己走。

3. 建立联系

留意自己人脉圈的机会，向学徒介绍或引荐。一旦建立师徒关系圈，以往的学徒就会很愿意帮助新的学徒，你也会很有成就感。

4. 定期会面

经历种种挑战才建立师徒关系已经很不容易，不要让原本坚固的关系被时间冲淡。不论是否有迫切需要，如果你们双方都对这种关系满意的话，那就最好通过各种途径经常交流。

当双方都投入大量精力来维护这段师徒关系时，就会产生更好的结果。

培养互助型师徒关系，创造巨大能量

人们传统印象中的师徒关系往往就是经验丰富的长辈带领初出茅庐的后生。我们都希望有一位智慧、大方、有经验的导师能够指引我们的职业发展道路，让我们宽心，但现实并不尽如人意，甚至可能跟理想状态差很远。

师徒关系顺利进行的重点是：建立一种双向、互利的关系。

我对于新型师徒关系的想法产生于我在维吉尼亚州的一个农场度过的一个漫长的周末。我的丈夫安迪·亚历山大和他的同门晚辈交流了三天，我也会时不时地参与到他们的交谈中。安迪在考克斯报业公司（Cox Newspapers）华盛顿办事处长期担任主管一职，同时也负责国际新闻业务。他获得了数个新闻奖，并做过一任《华盛顿邮报》（*The Washington Post*）监察员。他曾是传统报业的资深从业者，如今在俄亥俄州大学斯克里普斯传播学院做媒体创新的教育和宣传工作。

瑞安·莱特尔是安迪的朋友，20岁出头，多媒体专家，他的简历令人印象深刻。瑞安是斯克里普斯学院2010年的优秀毕业生，如今是美国知名新闻网站Mashable.com的后起之秀，该网站为“信息时代的人们”提供全球各地的新闻。

当他们两人讨论新闻发布的趋势时，都会聚精会神地听取对方的意见，似乎在向对方学习，这个场景让我着迷。当我提起这件事时，瑞安说，完全不同的新闻领域的那些老手教会他一个本领，那就是构建组织和培养领导力。安迪说：“我的工作内容全部都跟新闻学的未来有关。与人们保持交流、沟通就是投身新闻学必需的一部分，就是要与瑞安这样将创造新闻学未来的人保持交流。”

安迪和瑞安之间的关系不算是正式的师徒关系。但从他们的对话风格中能窥见这种新型师徒概念的优点：互助型师徒关系，每个人既是导师，又是学徒；双方都能享受谈话过程，并从中受益。正是他们年龄、专业技能和经验上的差异使他们的分享如此有趣且富有价值。如果你想试一试互助型师徒关系，不妨考虑以下几点：

1. 想一想交流内容

开始的时候，想清楚你要学什么，你能教什么。如果你发现了潜在的互助伙伴，就联系他们并把建立互助型师徒关系的想法告诉他们。万事开头难，你可以先告诉大家你想要学的事情。在专业领域、社区或是校友圈都可以找到不同年代、不同背景的人选。

2. 明确需求和目标

如果双方只是隐约觉得需要寻求职业帮助，那是远远不够的。互助正式开始之前，双方都应该理清自己想探讨的具体问题，然后找到双方都满意的互助方式。互助关系成功建立之后，也许会带领你们打开新世界的大门。

3. 考虑交通便利度

如果你的互助伙伴离你很近，随时可以相约一起喝咖啡或吃午餐，那自然很好。但是，万一你在国内的群里找到了很合拍的伙伴却又相隔千里呢？这时你就需要选择新的沟通方式，如打电话、视频聊天等，同时安排一个适合双方的时间表。

28

不要因为挫折而自乱阵脚

几年前，我曾观察同一个大型企业的两名女职员如何处理工作中的挫折，了解到一些职场适应力的知识。其中一个是玛丽*，她的上司很霸道，经常欺凌她，这让她苦不堪言。玛丽的成长环境不是很好，受教育程度也比不上一些同事，所以当上司贬低她、侮辱她时，她甚至不敢跟同事倾诉。后来，高级管理层对她的霸道上司进行调查，终于发现了他的丑陋行径，还发现了他的另一宗舞弊行为，随即解雇了他。

玛丽知道自己有充分的理由去抱怨，但她决定忍气吞声，并且积极规划自己的职业生涯。尽管经历了坎坷，她还是想留在公司，于是她说服管理层为她在另一个专业领域内提供培训和工作机会。玛丽学得很快，信心也随之增强。岁月流逝，她不断晋升，最后成功重塑了自己的职业生涯，获得了极大的自豪感。

另一个是谢里*，她在该公司的另一个部门任职，不受上级待见，多次错失在管理层任职的机会。她机灵聪慧、经验老到、技术过关，但最后别人告诉她：她苦苦追求的领导之路，并不适合她走。谢里觉得自己应该得到提拔，但事与愿违，一直原地踏步，这让她感到愤愤不平。她不听取意见，也不调整策略，反而变得更加焦躁，逢人便抱怨她的前途坎坷。谢里不懂得控制情绪，导致最后同事都厌倦了她的怨天尤人。

当谢里要离职去一家初创公司时，没有一个人为她感到惋惜。而谢里把平日里积压的不满一股脑儿地宣泄了出来。在离职前的最后一周，谢里还跑到上司们那里，把他们每个人都数落了一遍。后来，谢里工作的那家新公司也倒闭了，谢里不得不重新找工作，原先和她一起工作的老同事没有一个人愿意为她写推荐信。最终，她只好换了一个行业，从底层重新做起。

放下执念，忘掉工作中的失意

下班回家后，你是不是满身疲惫，已无暇再享受美好的夜晚？你是否会半夜醒来，对白天办公室里其他人的所作所为而耿耿于怀？你是否会向同事抱怨公司的种种不好？

职场总有各种令人烦恼的磕磕碰碰和挑战。近年来，一些企业银根紧缩，而市场对产品的要求却越来越高，很多职业的发展前景越发暗淡。觉得自己没有获得应得的待遇而感到愤愤不平、万分沮丧，这也是人之常情。但是，你不能因此而深陷这些负面情绪之中无法自拔。你的职业发展你自己做主。如果想继续干下去，并更上一层楼，你就需要制订一项计划。

在执行计划之前，你需要调整好心态。你应该停止抱怨，放下工作中经历的种种不快，因为你必须：

1. 着眼当下

如果想使自己的职业生涯达到一个新高度，你就必须投入全部精力。但是，如果你总是无法释怀上周或去年的受到的不公正待遇，你就不能完全专注于今天要做的事情。如果你动辄生气，你就会错过很多新机会，创造力也会随之减退，工作中也更容易出错。

2. 保持精力

当你制订一项新的计划时，一定要保持充沛的精力。如果你总是处于焦虑状态，便会睡不好觉，压力倍增，这会降低你的效率，身体健康也会受到影响，你就不能以最佳的状态去完成自己的工作计划。

3. 积极向上

也许你的好朋友会倾听你的倒霉经历，但是，如果你一直这样停止不前的话，他们也会渐渐地对你产生厌倦。大多数人都喜欢和积极向上的人一起工作，而对那些哀怨的人会刻意回避。当你能够寻找到减少自己的负面情绪方式时，你会完成更多的工作，和别人合作得更愉快，并且获得更多的机会。

你是不是觉得自己更像谢里，而非玛丽？你是否会因为自己持续不断的沮丧心情而使工作效率大打折扣，并因此而限制了自己的晋升通道？如果你想摆脱自己的消极心态，不妨试试以下几条建议：

1. 留心观察

意识到自己的沮丧，是摆脱这种情绪的良好开端。审视一下自己的心情，并坦诚面对它所造成的后果。可以考虑将自己的心情以日记的形式记录下来，一旦你详细地描述自己的不幸遭遇及它带给你的痛苦，你就会释怀很多，就容易摆脱这些负面情绪。

2. 心怀感恩

神经系统学研究显示，感激与焦虑这两种情绪不会同时出现。因此，当你专注于自己感激的事物时，心中的愤怒便会自然而然地消散。所以，你可以将自己最为感激的事情列出来，每天读上几遍，至少晨起睡前各读一遍。

3. 劳逸结合

适当放松，并转移关注点，可以驱散内心压制的敌意，使自己神清气爽。所以，在一天忙碌的工作之中，也要常常休息。休息的方式可以多种多样，比如和朋友聊天，出去散散步，或者花上几分钟静静地坐在那里冥想。要记得定期锻炼，调整生活节奏，这样你才会充满活力，身心愉悦。

4. 学会原谅

如果你总是因上司对你的态度不好而心生怨气，你就很可能会陷入这种怨恨的泥潭之中，停滞不前。但是，如果不再指责他人，你便能够释然地面对不完美的昨天，享受美好的今天，憧憬即将到来的明天。很多宗教教义也指出了谅解的种种好处，并指导人们学会原谅。

29

搞定难以相处的同事

你是否觉得如果能换一批同事，工作起来才会舒心？你周围的同事是否都是些烦人精，整天满腹牢骚、唉声叹气、悲天悯人，还热衷于背后捅刀子？你是否觉得由于那个你不能忍受的人的存在，连办公室的氛围都会变得沉闷？

在任何工作场合，都会遇到一些很难相处的人。有时候，你可以离他们远一点，眼不见，心不烦。但是，这也许不是最佳办法。要和这类同事相处，可以参考以下5点建议：

1．不要激化矛盾

不要因为一点小事就锱铢必较或者独自生闷气，也不要在他们背后说长道短，责骂他们多么差劲，这只会激化矛盾。即使是他们先挑事，以一种高姿态面对才是最明智的选择。如果你总是在背后说人坏话，你的同事会认为你和他们半斤八两。如果你们同做一个项目，有了分歧也要就事论事，谨记对事不对人。

2. 向值得信赖的朋友或同事吐露心声

不要把你们之间的矛盾搞得众人皆知，但私下里和好友倾诉一番是可以的。因为当你感到气愤、伤心或沮丧时，很难做出客观的判断，和朋友一起集思广益，也许能找到解决问题的办法，然后翻开新的一页。

3. 了解不同的性格类型

就像不是所有人都惯用右手一样，性格类型也不是只有一种。有些人就属于外向型性格，想法还未成熟就迫不及待地先吐为快。但这也会让喜静的内向型性格的人难以忍受，他们如果没想好怎么说，绝不会贸然开口。当你了解基本的性格类型后，就更容易判断出有些人的行为举止并非针对你，而是他们的性格使然。现在有很多现成的性格类工具可以帮助我们了解性格成因，比如“麦尔斯·布瑞格斯性格分类法”（Myers-Briggs Type Indicator，简称MBTI职业性格测试）。这些工具可以提供给你不同的策略，方便你和工作方式不一样的同事进行交流。

4. 换一种方式倾听

一旦你认为某个人很难相处，也许就很难听进他说的任何话。当他说话时，你会摆出一种防御的姿态，时刻准备反击。有时候，他也知道你不把他当回事儿，因此他的行为会更加过分。如果你能放下抵触心理，听听他到底在说什么，有时候反而可以缓解紧张气氛。屏蔽内心的负面评论，也许可以创造健康交流的新气象。

5. 调整心态

我们改变不了其他人，但可以改变我们回应他人的态度，引导交流向好的方面发展。无论我们怎样掩饰自己的愤怒、恼火或蔑视，总是会露出蛛丝马迹。这样一来，对方可能会以加倍的暴怒和无礼回敬我们。不过，只要我们调整好自己的情绪，换个角度去感知，就能打破这种恶性循环，缓解紧张的人际关系。试试下面的方法，调整你面对这些同事时的心态：

（1）先默默回想一下，上次你们俩针锋相对时，心情是怎样的，是伤心、紧张还是沮丧；你的身体是不是对这些情绪有反应，是哪儿，肩部还是腹部。

（2）现在，深呼吸几次，同时慢慢松开肩膀、捏紧的拳头或是其他感到紧张的身体部位。想象每次呼吸都在吸入冷静，呼出紧张，慢慢地，你就会放松下来。

（3）放松下来之后，想想有没有哪种情绪可以让你在面对这位同事时心里能好受点儿，相处起来也容易些，比如用同情的眼神面对他，心里会不会舒服点儿？

（4）用一句话描述下这种情绪，比如“谁让我就是个冷静又有同情心的人呢”。在接下来的几天里，时刻把这句话挂在嘴边，如此反复地练习，你会感到愈加轻松快乐。一旦能在安全的环境中做到随时切换积极的情绪，你就可以在更具挑战性的环境下练习了。比如，当餐厅服务员让你感到恼火或是电话久久无人接听时，都可以拿来练手。当你把这一招练到炉火纯青的时候，就可以将它运用到和同事的日常相处之中。一旦摆脱掉坏情绪，它们就再也不能左右你了。对方的态度也可能会因此发生转变。

上一章我已经说过，我们虽然无力改变职业生涯中的窘境，但只要学会把沮丧抛在脑后，就能够更容易在职场上绽放光彩。

30

寻找、打造自己的交际圈

专家学者一般将创业家的成功归功于具备独立思考、勇担风险和敢于突破等性格特点。但如果要我预测创业家能否成功进行产品创新或大公司里的“内部企业家”前程几何，我会倾向于从其他方面寻找答案。我发现，大多数具有创业家思维的人虽然性格迥异，但他们都有一个共同的特点，那就是深谙人际圈的力量。

在第10章中，我已经探讨过可以把人际关系按照亲疏远近排列成4个同心圆。1号圈里的人都是我们最亲近的人，4号圈里的人与我们的关系最远，涉及的圈子也最杂，所以很多人会忽视它。但如果你想拥有创业家那样的职业生涯，借助外围圈子的力量能让你事半功倍。

所谓“圈子”，就是由一些成员组成的群体，而不是一帮八竿子打不着的人。加入圈子不一定要有正式的入会仪式或获得批准，但同一个圈子的人都有相同的价值观或兴趣爱好，都会有归属感和责任感，大家都愿意为圈子做出贡献。

圈子里可能有你的邻居、经历相似或兴趣相投的人、愿意分享经验心得的专业人士，也可能有你在某些正式俱乐部和协会里认识的伙伴。

你可能不认识圈子里的很多人，但在和他们接触时，你完全不会有陌生感。圈子就是个聚宝盆，商业小道消息提供者、客户、顾问、引荐人、好友，应有尽有。

越来越多的研究表明，人的健康状况和社交圈的大小有关。这说明我们不能只把自己禁锢在核心圈里，还要加强和外围社交圈的互动。圈子对健康有益，可能是因为良性的社交圈有助于我们调节压力、学会换个角度思考并保持健康的习惯。

除此以外，外围社交圈里的伙伴还会影响我们的情绪和行为举止。有关人际关系的研究表明，除了亲近的人之外，你朋友的朋友及他们的朋友都可能会影响或加强你的某些态度和习惯。如果圈子里的人都精力充沛、乐于助人并且富有创造力，那么他们积极的情绪也能感染到你，让你在尝试突破极限时，仍能保持积极的心态。

成功的创业家无论有多忙碌，都会与他们的生意圈、客户圈和社交圈保持联系，来寻求灵感、学习专业知识、拓展客户及寻求共鸣。为本书作者拍摄照片的摄影师莫莉·彼得森（Molly Peterson）就是现代创业家的典范。她将自己的圈子看成一项投资，并在发展自己职业多样化的同时精心经营着这些圈子。

莫莉的摄影风格为写实风，作品都唯美真实，因此获得广泛认可。她还特别擅长拍摄食物和农场风光，并且为2015年出版的书籍《栽种明天》(*Growing Tomorrow*)拍摄了配图——从事可持续农业的18位农场主的肖像。摄影只是莫莉的职业之一。她还和丈夫在弗吉尼亚州的斯佩里维尔经营着一家家畜养殖农场和一家农产品商店。

尽管两份全职工作好像会占用莫莉所有的时间，但莫莉生性乐善好施，也是天生的社交高手，她在线上线下的圈子中都很活跃。我在一个非营利组织的董事会会议上和社交媒体上都能遇见她，她已经有了一个不小的粉丝群。通过顾客群体和网上群体，莫莉发起了一个农产品分销渠道。她注意到，华盛顿特区的许多居民对有机肉类的需求很大，但是又不愿意驱车两个小时前往斯佩里维尔购买，而定期派送又没办法收到。因此，她安排将所有的肉类订单发到华盛顿地区的Crossfit健身中心并储存在冷冻柜里。当我问她为什么这么忙还要在群里那么活跃的时候，她告诉我："从小我的父母就教育我要充满好奇心，要和他人保持联系，做个全面发展的人。我的父母和我家里好多人都是创业家。我对自己生活以外的世界一直都很感兴趣，我喜欢思考：为什么人们会做一些事情，这当中有没有更深层次的原因，这个原因是什么？而且我非常喜欢提问，如果有人告诉我，某件事成不了，因为人们一般不这么做，我就会感到很困扰。"

莫莉还告诉我："除了我的工作，我还非常关心我所处的社区和我们生活的地球。不管是通过我的摄影艺术、我的养殖方式，还是通过我的闲暇时间，我都希望它们变得更好，充满更多欢乐。我觉得让所有事情井井有条是需要很好的平衡能力的，但是我的脑子一刻都停不下来。我去任何地方都会带一个笔记本，这样我就能掌握每天所有的任务和需求。”

在现有社交圈中保持活跃或者寻找新群体

与一些能积极支持你的社交圈保持联系对于建立一份稳定的事业是非常关键的。下面这些策略有助于加强集体归属感：

1．确定自己的群体

第一步是将你已经认识的人分群组列出来。这些群组包括曾经任职的公司、就读过的学校、专业协会、居委会及网络社群等。接下来，你需要想一些你感兴趣的主题或者活动，并且寻找和你有共同兴趣爱好的其他圈子。如果你喜欢养植物和烹饪，你可以试着找找园艺俱乐部和美食家圈子。

2．积极参加活动

列出你目前加入和以后有可能会加入的群体的名单，然后研究一番。标出你愿意在哪几个群体提升个人形象并发展关系。接下来你需要把握机会做出贡献，这可能需要你自告奋勇参加群里的服务项目、加入管委会或者仅仅参加几次聚会。

3．关心某些事情

许多群体是基于特定目的或者当地需求而成立的。如果你有亲人患有癌症，你可能会想加入为癌症研究筹资的委员会。如果你关心身边贫困的孩子，你可以加入当地的食品储藏组织或爱心姐姐群。了解人的最好方式就是和他们一起工作，一起解决你们共同关心的问题。

4. 做别人的导师

想要结识比自己年轻的人群或让自己的社交圈更加多样化，可以提议做他们的导师。联系某个专业协会或直接与正在做某件新事情的人联系，并且分享自己的技能或者向对方提供建议。

5. 捐款献爱心

如果你忙得不可开交，私下里向非营利组织捐款也能起到扬名的作用。如果捐款人列表里总有你的名字，组织的领导人很可能会请求你参加更多的组织活动。

6. 组建一个新团体

如果你对某个活动或者事业充满热情，但又找不到相应的组织的话，不要感到气馁。组建一个属于自己的群体其实非常简单。你可以利用社交媒体、社区的公告板、登报打广告或者其他途径公开自己的兴趣。你要做的第一件事情可能是在推特上和别人聊天，也可能是把他们约出来喝咖啡，一切皆有可能。大家都爱找组织，他们很可能愿意加入你的组织，尤其是当你愿意承揽大部分工作的时候。

31

提高开会的效率

你在开会上一般会花多长时间？你可能想说："太多了！"但是，说真的，你真的清楚你开会的时间占你全部工作时间的比重吗？试着算一算。如果你有20%的时间花在开会上的话，你每周工作40个小时，每年工作50周，每年开会的时间将会达到400个小时。

如果你能节省其中10%的时间，你将完成多少事情？你将有整整一周的时间来做最重要的事情。

事实上，如果你能够重新思考开会的方式，那么你将找到既省时又受益的窍门。试试通过以下策略来减少你在会议上花费的时间：

1. 缩短会议

跟你的同事探讨能否将一些例行会议缩短。比如，如果你的团队在星期一早上总会花90分钟开会，那么就定一个新的时限——1小时。如果其他会议通常持续1~1.5小时，那么看看大家能否一致同意把时间缩短到45分钟，甚至20分钟。缩短会议时间的另一个好处是在你的标准工作时间与会议开始时间之间会有些许空隙。例如，把会议定在10点钟，出席者可能就不会经常迟到了，因为他们9点钟到公司后，可以先查收下邮件或稍事休息到9点45分再去开会。

2. 开“站谈会”，或边走边谈

另一个能缩短会议时间的方式是偶尔召开“站谈会”，这样一来大家就不会为找地方坐下来而浪费时间。而对于一些话题，边走边谈也是一种不错的沟通方式，两三个人溜达半小时，边散步边谈事情。这可以在室内进行，比如在大型的或者相连的建筑内，也可以在室外进行，比如在附近的公园里。我认识一名公司主管，她每周的日程安排中就有两次30分钟的散步式会议。任何员工都能报名参加她的散步式会议，如果名额空缺，她可能会选择邀请一个她很少有机会见到的员工一起散步。

3. 学会拒绝

你也许可以通过学会谢绝邀请，来缩短你的开会时间。当然，很多会议是有用的或者必要的。但是有时候你的参与并不是那么重要，你只要说自己有别的事情要做（有时可能就是你自己的办公安排），就可以不去开会了。

4. 设立“无会日”

最后，你可以考虑和同事商定一个不开会的时间段。如果你们决定星期三不开会，那么你可以每周的这一天在家办公或推进优先项目。

提高会议效率的策略

对你来说，一些最有价值的会议就是你主持的会议。如果你是负责人，你就有机会通过改变常规，更好地利用自己和大家的会议时间。以下9条基本法则可以提高会议的效率：

1. 明确目的

在你发出会议邀请之前，你要清楚自己开会的目的。当没有紧急事情的时候，或者有其他方式可以更容易解决问题的时候，你可以随机应变，适时取消例行会议。如果你因为经常开无意义的会议而在同事中“出了名”，在真正需要开重要会议的时候，往往请不到人。

2. 制定有效的邀请流程

要顺利举行会议，你要非常清楚地发出邀请，并提醒与会细节。

- 即使是一次常规会议，每个人都熟悉流程，也要说清日期、时间和地点
- 在临开会前，按惯例发送一条提醒
- 如果你使用邮件发送会议邀请或者提醒，务必记得在主题中把会议细节写清楚
- 如果有用的话，把拟参加会议的与会者名单公示出来

3. 制定日程安排

以书面形式列出讨论项目可以让与会者知晓会议的内容，从而使会议按计划进行。即使对于两三个人的微型茶话会来说，这条规则也适用。记住，向与会者征集会议议题通常是有意义的。同时，不要忘记提前分发日程安排。

4. 分层次推进

即使是非正式会议也要具有目的性。作为领导或者会议的主持人，应按以下顺序推进会议：

- 开场——要点明会议目的和期待结果
- 中间——讨论会议议题，每个议题至少要取得一定的进展
- 结尾——总结结论，待办事项和任务，可能还要提及下一步的行动和未来的活动。最后，感谢与会者的参与和贡献

5. 暖场

有会议的地方就有社交，如果所有与会者都能真正参与其中，并且能从容地给出建议，那你主持的会议就可以取得更多的成果。你可以把前5~10分钟用作暖场时间，让每个人都提出自己的观点、建议或者担忧。这样，你就可以满足人们的社交需求，营造和谐的氛围。在这段暖场时间中，你可以简单地做一番介绍，或者要求大家对一些问题做出简单的回答，比如：“你们有什么好消息要宣布吗？”

6. 奠定基调

要对与会者彬彬有礼，认真聆听发言人的话语，不要在会议

中做不相干的工作。如果你无法集中注意力，那么你可以在讨论的过程中记笔记。要保证你的会议总是能按时开始，准时结束，这是对与会者的一种尊重。

7. 确立基本原则

如果每个人都遵守规定的话，常规会议就能够更加顺利地进行。因此，要在以下问题上订立规则或达成共识：

- 出席
- 到场时间
- 参与讨论
- 禁用手机和其他设备
- 保密

8. 做好记录

每一次会议都要派专人记录，至少把关键结论和任务记下。你也可以做粗略的记录。这样，你或你的领导在最后做总结的时候就能将它派上用场。

9. 保持跟进

会议之后，要保证与会者和那些不能出席的受邀者都收到一份笔记。和那些有任务在身的与会者保持联系，确认他们是否拥有所需要的资源，并且正在执行自身的任务。如果你的会议之后再无下文，人们就会失去兴致，不把会议当回事儿。

从别人主持的会议中有所收获

即使你已经能够出色地主持会议，而且能巧妙地拒绝一些不想参加的会议，你仍不可避免地要花费大把的工作时间和同事一起参加会议。所以，要学会把开会的时间利用起来。

这是我的一位客户沙伦*用亲身经历总结出的宝贵经验。此前，她一直疑惑不解：为什么自己从未走上领导岗位？她向自己的导师抱怨："要不是整天参加那些毫无意义的会议，我早就让人刮目相看了。"

她的导师语重心长地说道："既然没法逃避，为什么不好好利用这些机会？你的一举一动，大家有目共睹，这无疑是展现你优点的好机会，千万不要开会迟到或心不在焉，而应该积极与会，好好表现。"

受导师启发，沙伦列出了5点行动计划，决心善加利用会议时间：

1. 会前准备

她总是重新安排好优先任务，腾出时间，做好会前的准备工作。比如，事先翻阅会议相关材料及议事日程。

2. 准备发言

她总会在会前就某议题准备好几点看法或问题，争取在会议上发言。

3. 把握主题

她总会在会前提醒自己，要把握好会议主题，努力向主题靠拢。

4. 自我要求

与会前，她总会告诫自己，本次会议期间要努力做到处事冷静，有条不紊。

5. 勤记笔记

会上讨论期间，她认真倾听他人发言，并记录下发言要点，以确保整个讨论过程都保持专注。

沙伦的行动计划成效显著。会议领导注意到，她比其他同事更投入，更积极参与讨论。她因为表现积极而得到领导的信赖，领导们开始给她委派更好的差事。6个月后，她就开始独当一面，带领团队做了一个大项目。

坚持5点行动计划一段时间后，沙伦还有一些意外的收获。由于凡事用心准备，她如今热爱工作，而且能从中获得满足感。在会上的积极表现为她赢得了尊重，在日常工作中，她与同事的关系变得更加融洽，对工作也不再一味厌倦、懊恼。她自己坦言：“我努力投入其中，最终发现我乐在其中。”

职场人士总要参加各种会议，既然不能逃避，为何不充分加以利用？以下6条策略有助于你实现会议效益最大化：

1. 做好功课

会上不停翻阅资料、查看平板，无疑暴露出你未做好会前准备工作。对于即将参加的会议，务必抽出时间，做好相应的准备工作。

2. 准时到场

即使有时不要求准点开会，但是姗姗来迟毕竟是对其他人的不尊重。每次准时到场，有助于为会议的高效进行奠定基调。而且，准时入场后，可以利用会议正式开始前的时间熟悉材料、与同事交流。

3. 把握主题

一味指责会议无趣，对自己毫无益处。会议召集人是有所考虑的，不然也不会请你与会。带着目的与会，才能做出更大贡献。细细想来，你就会理解自己受邀参加会议的目的，如：

- 分享信息
- 集思广益，寻求具体问题的解决方案
- 回顾公司大事并设立新的目标和计划
- 培养集体目标意识
- 增进同事关系，提高协作能力

4. 设定目标

你当然总是希望尽自己的一点力量，以期提高会议的成效。但除此之外，如果你再为自己设立一些目标，你的收获会更大。比如，若要拓展个人影响力，你的目标就是对于业内业外的话题，都能旁征博引、侃侃而谈。

5. 善于倾听

很多会议看似毫无意义，究其原因，往往是会者心不在焉。

假使有一两人端正态度，认真倾听就能影响其他与会者。你若养成了在他人发言时能心无旁骛地倾听的好习惯，那么在你发言时，他人自然不会漫不经心。

6. 后续跟进

会议有无成效，还要看会后的执行力度。务必恪尽职守，履行会上所做出的承诺。如对会上讨论的内容饶有兴致，会后可进一步讨论。如果其他与会者的发言让你很有启发，事后要找个机会表示感谢。

既然开会是工作的一部分，一味抱怨，只不过是蹉跎时光，还不如制定策略，尽可能地善加利用。

32

如何再次爱上自己的工作

为本书作序的克丽·汉农是职业发展规划方面的权威人士。在过去20年里，作为著名作家、专栏作家、编辑及撰稿人，她曾为《纽约时报》《福布斯》《金钱》《美国新闻与世界报道》《华尔街日报》等各大主流媒体机构撰稿，内容涉及商业和个人理财的方方面面。她严谨的研究方法让我受益匪浅，她充实的职业生涯更让我深受启发。

克丽最初只是一名传统平面媒体记者，靠为几家大型媒体撰稿谋生。14年前，她辞职成为自由撰稿人，为美国知名报纸、杂志撰稿。但她的成就远不止如此。她经常写书，是一名多产的作家；她还是云游四方的演讲人，各大电台和电视节目的常客；她涉猎广泛，各种研讨会上都有她活跃的身影；她精力充沛、极富创业精神，创办了自己的媒体公司。一路走来，她工作、生活两不误，不仅热心帮助其他撰稿人，积极投身公益活动，而且经常骑马休闲，跟丈夫出门旅游，跟朋友们聚会畅聊。

近年来，克丽发表了无数篇文章，出版了好几本书，谈论如何跟随内心，找到自己喜欢的工作。很多人找到工作之后，又会面临工作转型的问题。为了找到这一问题的答案，她跑遍美国各地，采访了很多实现工作转型的普通人，跟他们探讨如何规划职业生涯中的转型。

克丽说，很多接受采访的人都梦想开启新的职业生涯。但在现实生活中，这种巨大的职业转变往往不切实际。就此，克丽在她2015年撰写的新书中重点讨论了如何提高自己对现有工作的满意度。她在撰写该书时询问了我的意见，我也喜欢跟她进行头脑风暴，听她讲述从各地收集的故事，讨论美国快速变化的职场环境。

发现工作的乐趣和意义

克里的著作《热爱你的工作：职场幸福的新规则》为那些正在寻找工作目标和乐趣、想要重新燃起工作激情的人提供了实用指南。她说："如果想变得更加快乐，你必须行动起来，不能只是一味空想。"这并非总意味着摒弃过去，重新开始。她还说："但这的确需要极大的勇气，迫使自己做出改变。做出这些改变可能不容易，甚至非常痛苦，但非常必要。"以下是克丽的7条建议，送给已经准备好采取行动的你：

1. 勤写日志

每天花20分钟，用日记本或电脑写工作日记，持续一周，作为采取行动、做出改变的开始。想想自己梦寐以求的工作状态是什么，按照这个想法去实践。你也可以记录下身边享受工作的人，询问他们，到底是什么让他们喜欢自己的工作。然后，记录自己在工作中获得回报最多的时刻。此外，列出目前工作的优缺点，然后在你工作优势的基础上制定行动步骤，承担更多的责任。

2. 适时休假

如果你觉得工作不如意，不一定是因为你厌恶工作本身。通过记日志，你会发现真正的原因可能就是你工作太累了。工作疲劳感体现为生理上、心理上、精神的疲劳，自我怀疑，对工作的价值模糊不定。如果你感到身心疲乏，你需要远离工作了。给自己放个长假或休几次短假，注意运动健身，关注身体的健康状况。

3. 停止抱怨

克丽说："很多人进入职场之后，很容易掉进一味抱怨的陷阱，他们抱怨上司，抱怨同事，但这对工作没有任何帮助。"她的建议简单直白："行动起来，想办法跳出这个陷阱。"只有停止喋喋不休的抱怨，才能取得进步。克丽还建议我们认真翻阅工作日志，看看哪些可以改变，就在这些方面多下功夫，从小处着手，终会成功。

4. 经济自由

人力资源专家经常说，经济拮据是员工背负压力、身体不佳、效率低下的主要原因之一。如果你总是为钱发愁，就很难专心工作。另一方面，如果手头宽裕，你就会有选择的自由，不会被薪水绑架。因此，我们要尽力偿清债务。没有经济烦恼，工作状态也一定会改善。

5. 拓宽工作

克丽认为，只需对工作方式做略微调整，就可以让工作变得更加有趣，并充满机遇。首先，关注业内最新趋势，获得工作灵感。其次，对于喜欢的工作，就主动多做。对于日常工作外的任务，也要主动去做。再次，如果上司分配给你额外的工作任务，要心怀感激并尽力做好。除了调整工作方式，也要多跟同事沟通，这是另一种拓展工作内容的方式。主动跟不熟悉的同事聊天，交谈时面带微笑，同时要有真诚的眼神交流。

6. 灵活办公

克丽说："如果我让人们说出一件工作中可能会让他们开心的事，他们会说独立性。"灵活办公赋予我们更多的工作自主性，这会极大增加工作乐趣。工作自主性包括远程办公和弹性工作时间，这两种方式日益受到员工的欢迎。"如果你不想被困在办公室，也不想时刻被上司盯着，自主安排自己的时间和实质性的自由能让你奇迹般地再次爱上现在的工作。"克丽说。

7. 积极充电

"如果你感觉深陷目前的工作中，不知道接下来该做什么，就给自己的大脑充充电吧。"克丽说。即使你不清楚自己到底对什么感兴趣，也可以先去图书馆，参加培训班或者在网上学习新的知识。

克丽称她撰写的《热爱你的工作：职场幸福的新规则》一书，想要传达的核心要义是："做出改变，你就能够摆脱恶劣工作环境对你的影响，并从萎靡不振的情绪中走出来。你必须做出决定，要么继续闷闷不乐下去，要么就另辟蹊径，做出改变，即使这种改变需要很长时间。"

33

借助社交媒体的力量

布赖恩*是我的客户，他平时总是乐呵呵的，现在却有一件事情让他烦恼不已。公司新来了一个雇员贾森*，他要负责给贾森安排合适的工作。问题在于，“贾森什么工作都做不了，根本没法安排”。

贾森彬彬有礼，常春藤联盟院校毕业，跟公司的总裁有点沾亲带故。被经理聘来之前，他有一个十分响亮的头衔——“高级政策咨询师”。

我问道：“他真的懂政策吗？”

布赖恩回答：“噢，政策他倒是懂，但是没用，他什么都做不了。我们只能找理由辞了他。”其实，贾森在那些传统的工作上表现得不错，他总是把东西记录在信笺簿上。布赖恩说：“他竟然连电子邮件都不会发。就算是公司的总裁，也不会事先手写好草稿，再去让秘书打出来吧。他是很想在这儿工作，尽管他脑子比较聪明，人脉广，可是如果连最简单的基本技能都不会，我也无能为力。”

这就是现实：对绝大多数公司来讲，不具备基本的沟通技能的人，公司是不会要的。然而，这些沟通技能的定义却很广泛。布赖恩的公司在面试贾森时，从没人问他是否会使用电脑。因为谁也没想到，一个政策领域的专家，竟然不会用电脑书写和分发文稿。

沟通的“基本技能”似乎包括你目前用到的所有技术，仅此而已。我的一个客户曾说：“我需要的沟通技能我都会了，干吗还要在社交媒体上浪费时间？”很多专业人士，也是这样认为的。

不论身在商界、学术圈，还是官场，社交媒体都是你必须掌握的一项基本技能——这话是不是像当头棒喝？其实这并不是说你必须得懂得所有的事。只是，对于这些日新月异的媒体，你必须了解它们因何存在，知道它们有什么潜力可以为你所用。如果一个20多岁的人说“噢，我觉得推特好没意思。别人午饭吃什么关我什么事儿”，他也是会被当成“老古董”的。

每个专业人士都应该有一套自己的社交媒体战略

我在第4章讲过，无论是否意识到，你的举止都会形成你的个人品牌。而个人品牌跟你职业生涯中的机会直接相关。要知道，你在网上呈现出的形象，也关乎着你的个人品牌。而且，不管你是有意还是无意，你都会有一个网络形象。假若网上几乎没有你的信息，别人或许会以为，你在现实职场上没有什么人脉。

你掌控着自己的职业生涯，因此也必须考虑到自己在社交媒体里的形象对个人品牌的影响。如果你的社交媒体策略还不成熟，不妨参考以下4点小建议：

1. 了解社交媒体的用户

如今，大多数企业和大型机构，都有自己的社交平台。了解你的雇主、顾客及竞争对手在网上的状态，有百利而无一害。如果你不想太活跃，至少也要始终关注与自己的工作密切相关的机构所发布的信息。

2. 打造自己的形象

领英网是一个专业的社交网站，很多人把它当作电子版通信录。它在收集数据、集中管理商业伙伴方面，很有优势，但它的用处远不止于此。用人单位和猎头公司常常利用领英来发现人才。就连你遇到的路人，也很可能会登录领英，迅速了解你的个人信息。所以，行动起来吧，提升个人品牌：注册一个领英账户，至少列出你当前的职业信息。

3. 主动获取信息

在熟悉推特之前，你会觉得，它不过是一群无聊之人在晒些生活的鸡毛蒜皮。但是，一旦你进入状态，知道如何管理这些杂乱无章的信息，推特就变成一个窗口，你可以通过它跟全世界进行实时沟通。想从观众或顾客那里获取即时反馈，或者想知道大家正在讨论什么话题，推特是再好不过的工具。

很多用户一条状态也不发，主要用推特来获取资讯。推特可以帮你获取并管理各种资讯，了解知名媒体公司、专业期刊甚至你最喜爱的评论员的最新动态。一旦出现重大新闻，比如发生地震或者有人侵犯安全系统，推特可以让你第一时间接触到各类相关报道。当然，不要拘泥于推特，脸书（Facebook）等其他的社交应用也可以为你提供资讯。如果哪里爆发了危机，打开某个社交媒体并及时刷屏，就能获得你想要的信息。

4. 不要嘲笑你所不懂的东西

交流渠道层出不穷，很容易让人眼花缭乱、疲于应对。不要想着一下子弄懂所有的东西，也不要急于在社交应用脸书、拼趣（Pinterest）、Scoop.it（一个在线兴趣爱好主题推荐平台）和Academia.edu（一个学术社交平台）等上注册账号。作为新手，一开始最好先攻克一两个，然后循序渐进，接触更多选择。切记，不要自以为是地拒绝同事所用的工具，也不要嘲笑你选择敬而远之的媒体。

社交媒体能帮助你把自己最好的一面呈现出来，让你时刻掌握与职业生活息息相关的资讯。如果你连试都不试一下的话，到头来可能会发现自己已经远远落伍了。就像现在不会发短信和电子邮件以致与儿孙“失联”的老人一样，你最终也会与年轻一辈或比较前沿的朋友们和同事们渐行渐远。你要做的就是了解技术带来的一切可能，并找到最适合你的技术手段，这样才能与你关心的人或事保持联系。

34

防止压力蔓延下去消磨斗志

昨晚熬夜加班余困未尽，早上出行又很不顺利，迟到了整整30分钟。赶到办公室时，发现上司已等候多时，火急火燎地交给你一个无聊的项目，还给了不切实际的截止期限。而这几天，你的搭档老是发牢骚，跟你唱反调，让你不胜其烦。

你是不是要崩溃了？

别慌，不是只有你自己这么狼狈。调查表明，工作是成年人感到压力大的主要诱因，越来越多的人因为工作而在心理上和生理上遭受着巨大的压力。我的很多客户不仅自己压力大，还担心这种高压环境会对团队造成不利的影响。

对现代职场人士来说，这种情况喜忧参半。忧的是长期忍受工作压力的后果很严重，甚至是致命性的。喜的是，对付压力的方法有很多，而且你也确实有能力顶住压力。

压力是健康杀手

在某些工作圈子里，顶着压力鼓足干劲似乎是一件很光荣的事。有时候某些人看似在抱怨压力大，实则是在炫耀自己在团队中有多努力，他们不仅没有烦扰，反而内心还有点儿小骄傲。

这是在说你吗？那你得小心了。细想一下压力会给你造成什么影响？打起精神，不要再把健康当儿戏了。

要了解压力是如何形成的，可以联想在面对某些威胁或挑战时人们所做出的“向前冲或转身跑”的反应。这是人的一种正常反应，是一种生存机制，能让人在潜在危险出现时做出条件反射。实际上，紧张最原始的作用是积极的，它能调动身体机能，在必要时给人增添些许活力。

想象一下，你正在一条乡村小道上散步，突然一条蛇出现在眼前。你立刻僵住了，傻愣愣地看着蛇。这时你虽然不知所措，但是你的大脑已然开始向身体各个部位传递肾上腺素和皮质醇等化学信号，启动全身的应急机制了。例如，心跳加速、血压上升，血液直冲心脏和大脑。你的身体已经准备就绪，要么来一场人蛇大战，要么开启大逃亡模式。同时，为确保身体释放最大能量，皮质醇等化学因子会弱化此刻身体无关紧要的功能，如消化、免疫和生殖功能等。

这便是“急性应激”的一个例子。这种瞬时反应，让你一个激灵、元气大增，帮助你直面或逃离险境。时不时受点刺激，对身体未必是件坏事，因为它能增强你的免疫系统功能，提高身体素质。

现在想象一下，你站在那儿打量一番，结果发现那条蛇不过是一根树枝而已，你是不是会长舒一口气？此刻你的反应叫作“放松反应”。与之前的向前冲或转身跑的反应相反，这时身体内的化学物质开始恢复正常，呼吸渐趋匀和，心率慢慢下降，完全可以接着散步了。

平时工作时，引发紧张的因素有很多，大到人身安全受到威胁，小到头脑中烦人的念头。马路上疾驰而来的鲁莽司机，上司交办的棘手项目，可恶同事的恶意中伤，都会让你精神紧张。但不同于前面讲的“蛇影”事件，这些压力不是立刻可以消除的。还没等平静下来，你很可能就会接到一个难缠客户的电话，收到一封棘手的电邮，或碰到惊慌失措的同事后你寻找帮忙。

此时你所承受的压力叫慢性压力，它是由一连串接踵而至的刺激引起的。在这种情况下，你的激素水平，如皮质醇水平会长期居高不下，然后形成恶性循环：压力事件引发身心不适，这些不适反过来又增添压力。长此以往，由于压力反应机制一直处于兴奋状态，身体各种功能开始出现紊乱，最终引发各种疾病。

慢性压力可以引发各种生理上和心理上的问题，包括：

- 身体疼痛，如头痛、背痛、颈痛、肩痛及消化不良
- 难以入睡，就算睡着了也总是感到疲倦
- 认知障碍，如健忘、频繁焦虑、注意力不集中、缺乏创造力、选择困难

- 情绪问题，如易哭、易怒、易焦虑、孤独感、无力感
- 抑郁，由压力引发，又增添压力
- 体重超标，部分原因是皮质醇有开胃作用，促使酶把脂肪储藏在细胞里

有多种方法可以释放压力

对于工作压力问题，没有一劳永逸的方法。有时候，你可以先解决一些根源性的问题，比如因为上班路程太远而心情不好，你可以试试每周抽出一两天来远程工作。但有时候造成压力的很多因素，根本不是你能控制的。

虽然有时你无法左右给自己造成压力的种种因素，但是你完全可以改变自己的应对办法。尝试一种或几种有效缓解压力症状的方法，很快你就会觉得整个人都变得轻松不少。研究表明，只要认识到自己有一项应对问题的计划，就足以让人镇定下来，着手解决问题。你的医生、形形色色的治疗专家以及五花八门的减压项目可能都会帮助你制订全面的减压计划。除此之外，下面的许多做法也可以帮助你将压力控制在可承受范围内：

1. 积极锻炼

经常散步或做其他有氧运动可以显著缓解各种压力症状，改善心情。重复性运动或有节律的运动，如慢跑、跳舞或骑单车等，

效果尤为明显。

2. 向人倾诉

一些超负荷工作的专业人士常常感到孤立无援，这种情绪只会加剧压力感。这时就需要想办法多与人进行有意义的沟通。此外还要进行眼神交流，用心聆听他人的讲话，争取一整天都能以轻松的方式与人保持互动。

3. 拥抱自然

研究表明，无论是亲身走进自然还是简简单单在室内欣赏盆栽、感受大自然的气息，都可以缓解压力症状。对于一些人来说，每天午餐过后去公园里散散步，就可以明显改善心情。

4. 保持创意

转移自己的注意力，激发自己的创造力，对缓解压力大有裨益。比如，你可以尝试着画画、演奏乐器、打理花园、上烹饪课或者学一门需要你定心凝神重复操作的手艺，如针织。

5. 付诸笔端

记日记是一种非常有效的方法，有助于培养你的洞察力，改变你看问题的视角，释放压力。试着写下你的压力来源，实事求是地描述自己内心的感受。除此之外，记录下自己目前处境中的积极因素，以及让自己心怀感激的事物。描绘出要达到的每一个目标，以及将来你想要为自己打造的工作生活。

6. 着眼大局

如果你能从全局的角度看待目前迫在眉睫的问题，你就绝不会乱了方寸。要做到这一点，你可以在日记中记录下生活中最重要的事，然后问问自己：当前的问题会对我的长期目标或价值观产生什么样的影响?

7. 化繁为简

大多数人感到有压力是因为手头的事情总是应接不暇。因此，你可以想办法简化自己的任务以缓解压力。比如，减少不必要的活动，重新调整自己的职责；想办法清理掉堆积如山的杂物，为自己创造一个轻松惬意的工作环境。

8. 帮助他人

健康心理学家凯莉·麦戈尼格尔（Kelly McGonigal）在TED（国际上有名的公开演讲平台）上做过“如何跟压力做朋友”的演讲。她在演讲中提到研究表明，帮助他人可以缓解压力，增强适应力。这是因为当你关心他人时，你的体内会释放一种荷尔蒙，这种荷尔蒙可以修复压力对身体所造成的伤害。

9. 沉思冥想

近年来，许多研究解释了冥想可以为人们身体带来的一些好处。有证据表明，冥想不仅可以让人感到心境更加平和，身体更加放松，还可以促进认知和心理变化，从而提高业绩，提升满足感。在给客户做培训的过程中，我发现有必要尝试不同的冥想方法，然后选择一种让自己感觉舒服惬意的方式进行训练。下面的冥想训练法很简单，可以帮助你迈出第一步：

- 选择一个能够对自己起作用的焦点词、短语或祷告词，比如“心境平和”“万福玛利亚”或者“我很镇定，我与万物一体”
- 以一种舒服的姿势静静地坐定
- 闭上眼睛
- 放松全身上下的每一块肌肉，从双脚、小腿、大腿、腹部一直到肩膀、脖颈和头部
- 缓慢自然地呼吸，随着每次吸气和呼气，默念对自己起作用的焦点词
- 当大脑中出现杂念时，不要慌张，慢慢地让注意力再次回到默念上。你也可以暗示自己：“没关系”或者“我不会受此影响”
- 一些冥想训练师建议，这种训练要持续10~30分钟，但我发现短短几分钟就可以产生效果

控制压力，助力团队合作

当你像总裁一样思考问题时，你会希望团队的其他成员都能目的明确、精力充沛并保持乐观。这就需要为整个团队营造一个相对轻松的工作氛围。如果你是团队的领导者，当一个棘手的局

势搞得团队成员紧张兮兮时，你需要时刻提醒大家当前所处的状况，让整个团队意识到你是他们坚实的后盾。这个时候不要吹毛求疵。要想让团队成员更顺利地跨越挑战，你需要为他们提供亲自解决问题的机会。

在面对困难时，最重要的是学会掌控自己的情绪。努力保持乐观心态，积极聆听，即使你不是团队的领导者，你也可以通过这种正能量改善困难局面。此外，你对自身压力的控制情况可能会影响到你的同事。这是因为压力反应是会传染的。为了不把自己的负面情绪传递给同事，你可以保持镇定，培养健康的习惯，比如经常出去走走。当你的压力感减轻时，你会变得更加健康快乐，你周围的人也会感到舒服自在。

35

积极面对求职被拒

保罗*在工作上颇有成就，有个与他的能力相当匹配的职位令他心仪已久，而且他也自认为作为候选人肯定志在必得。但保罗最后却没能得到这份工作，心情备受打击。他给我写了一封邮件，字里行间是满满的沮丧。

“这样的结果实在糟心，我没能得到这份工作也就算了，公司居然把它给了一个跟我能力水平差不多的人。”他说。

他还说：“没得到这个职位我很难过和沮丧，接着还产生了连带情绪——我为自己深陷这种负面情绪无法自拔而跟自己赌气。因为我知道，这不是一个男人该有的情绪，再理性地想想，这自然也不是应对‘被拒’该有的态度。”

这是差不多两年前的事了，保罗早已从被拒的阴霾中走了出来。他觉得，在此过程中他自己的反复挣扎，以及我们往来邮件里对于求职被拒的交流，对于那些经历相似的人或许会有帮助。以下这些建议曾经帮过保罗，如果你也遭遇了求职被拒，说不定能帮上你：

1. 要知道，感觉痛苦是正常的

保罗读过很多历史书，他发现，所有伟人在通往成功的道路上都会遇到挫折。虽然道理都懂，但等轮到自己时，就是无法从消极情绪中走出来。虽然事情再平常不过，但他却无法从消极情绪中走出来，这让他很是难为情。

我在邮件里这样回复他："我知道你心里不痛快，但对于能成大事的人来说，这都是家常便饭。每个人都会有失意的时候。如果以往一直顺风顺水，这时候你就会更加难以接受。"认识到我说的这点，保罗看开了不少，他决定抛开一切连带的消极情绪，不再因自己的失落而感到内疚。

2. 把自己的痛苦写下来

无论是面对精神上的还是身体上的痛苦，好好分析、审视痛苦都会对你有所帮助。当你把自己内心的痛苦细致地剖析清楚后，你会发现自己已经不再那么痛苦了。我当时就建议保罗把自己的感受写下来。我问他："'难过和沮丧'到底是什么感觉？你能不能准确地描述出来？你身体哪里觉得紧张和不舒服？产生这种情绪后，头脑里老是跳出来哪些想法？想到这次失败的求职经历对未来可能造成的影响，你的情绪是否更加糟糕了呢？"

3. 和亲近的人聊聊

保罗之所以能这么快从痛苦中走出来，关键是他的另一半和几个铁哥们儿给了他很多帮助。他说："我觉得向好朋友们倾诉自己的焦虑情绪真的很有用，他们很了解你，所以可以帮你摆正心态。"

4. 搞清楚你究竟失去了什么

求职被拒之后，你之所以会感到痛苦，一部分原因是你失去了心仪已久的良机，所以心里会产生一种失落感。但有时候，就算这份工作自己不喜欢，遭到拒绝时也会很难受。人人都喜欢赢的感觉，虽然有时并不在意自己到底赢得了什么。搞清楚自己因为什么难过才有利于你在今后重新找到目标。机会、声望、金钱，你到底更在乎哪一个？越是了解你到底为什么失望，你就越清楚自己接下来想要什么，从而把注意力放到未来的那些事情上。

5. 每周记下自己所感激的事情

我们在前文中也提到过，心怀感激是应对消极情绪的一剂良药。当你心中怀有感激之情时，大脑中有关焦虑的情绪活动就会随之减弱。对生活、工作中的事情心怀感激，可以帮你脱离消极状态。你可以每天晚上花几分钟时间，记下五件让你感激的事情，这将对你很有帮助。

6. 豁达大度地面对失败

对于求职被拒，保罗对自己信任的少部分人毫不讳言，坦白了自己的真实感受，但对于外界，他还是保持了很好的姿态，他向每一个参与筛选的领导表示感谢，从不表露出任何失望的情绪。

他风度翩翩的做法给其中一个领导留下了深刻印象。后来，她找到保罗，帮他获得了一份更适合的职位。

保罗曾一度深陷绝望，他这样问我："这也不全是坏事吧？"其实，你可以借此学会面对职业转型，克服挫折也是学习的一部分。我当时是这样回答保罗的："你这次觉得失望得不得了，等你走出这个难关，下次再遇到这种事，你就不怕了。就像发水痘似的，第二次你的体内就有抗体了。"

36

普通人也能打造优秀团队

如果我想快速了解新客户和一个团队合作是否融洽，我会先看看团队内部成员之间是怎么沟通的。

詹娜*是一家机构的部门主管，她希望可以让自己负责的14个下属更有创造力、更有效率。几年前，她所在的部门增加了几个层级，她的3位副主管各分管2~4人。工业时代，信息自上而下的垄断传递方式形成了等级分明的组织结构和管理方式。但随着电子邮件及其他科技产品应运而生，这种指令控制型的管理模式就过时了。公司的组织结构越来越扁平化，管理者也就需要找到相应的新办法来进行管理工作。

为了加强合作和指导，詹娜按照项目不同来给人员分组。每个人都可能参与多个小组，很多小组的成员来自其他部门，珍娜自己就得负责6个小组，每组有3~5名成员。有些小组很积极、有活力，效率也很高，而有些小组很多时候还没开始做项目，就偃旗息鼓了。

为了评估和重建团队，詹娜请我和她所属部门的每一位员工单独谈谈，唐*便是其中之一。他是一位经验丰富且专业能力突出的律师，但他所领导的团队表现却并不尽如人意。当我问到管理模式时，唐说他绝不在“非必要情况下”召集团队成员开会。他欢迎员工向他提问，但他不提倡员工“浪费时间，相互谈论自己的问题”。

我听了心想：“唉，他的团队算是永无出头之日了。”因为作为领导，唐浑然不知定期有效的沟通对于团队建设的重要性。

沟通是团队建设的第一步，这已是不争的事实。然而近来对创建沟通模式等问题的一系列研究结果表明：沟通的方式比沟通的内容更重要。事实上，在团队建设中，茶水间的随意交谈重要性并不亚于正式项目大会上的商业会谈。

一支业务蒸蒸日上的团队离不开定期且持续的沟通，其成员不仅与上级保持直接联系，相互之间也是如此。此外，团队负责人会与团队的成员积极互动，当面交谈，耐心倾听，确保每一位成员都能畅所欲言。

沟通虽重要，规则不可少

即使你不是上级指派的负责人，你依然可以为培育团队文化，支持同事工作和提升团队效率出一份力。以下是6条团队建设策略：

1. 明确定位

先把团队的基本要素搞清楚，如成员都有谁，你们的共同目标是什么。

2. 做出表率

保持乐观，并尊重每一位成员。在一支健康的团队中，所有人的贡献都能得到认可。观察并发现他人的闪光点，帮助他们发挥自己的长处。

3. 共享领导权

即使已经指派了领导，团队成员也应共担职责，为实现成功贡献自己的力量。谁的领域听谁的，人尽其才，才尽其用才是最佳状态。

4. 强调归属感

归属感是人类的基本需求之一。只有团队成员能够认可彼此的贡献，这样的团队才能给人以归属感。专注于归属感的力量，并想办法强化它。即使是印制文化衫、喊口号这种老套的方法，对于提升团队精神也是十分有效的。

5. 庆祝每一次进步

当每个成员觉得自己的付出推动了重要项目进展的时候，团队往往是动力最强、士气最高的。要让团队保持高昂的斗志，你可以用适当的方式庆祝每一次进步，即使只是一小步，比如按期完成任务或受到上级褒奖。

6. 制定规则

纵使管理松懈，一支团队如想高效运转，一定的规则必不可少。以开会为例，团队成员应在以下方面达成共识，如：

- 议程安排
- 出勤要求
- 按时到场
- 参与讨论
- 通信设备使用限制
- 具体事项追踪与跟进

创建优秀团队没有特定的套路，但你不妨想出一套适合你们团队的模式：定期组织团队内部讨论，肯定成员的贡献，让每个人都感受到团队的温暖。

37

为自己鼓掌，也为他人喝彩

你有没有因太过担心出差错而无法全身心地投入正常运转的事务当中？假如有，那么你可能会错失许多好机会。乔*是我的一位客户，他在某政府部门任主管，属下有7位沟通专员。成立几年来，他的团队虽然效率不算高，但紧赶慢赶也总能完成目标。不过，据乔所说，他觉得现在的问题是自己团队中的成员们似乎“劲头不足”。他们常常感到疲惫和厌倦，为了防止工作中出差错，乔不得不实施微观管理。

如何重组部门事务才能使团队在创造价值的同时，能够提升团队成员的参与度并鼓励他们实现自我提升呢？我们对此进行了讨论。他耗费了很多心血，为整支团队设定了新的目标。数月之后，他以管理人员的身份对一份意在重划部门责任的计划书给予了批复。该计划书剔除了一些老项目，并增加了一个新项目，而这些项目的实施需要团队成员学习一些新的技能。几经讨论之后，乔的团队欣然接受了这一调整方案，并再度以满腔热情投入工作当中。不过，乔心里的石头仍未落地：他担心一旦过了新鲜期，他们的疲惫和厌倦感又会迅速卷土重来。

于是，乔又略微变换了自己的管理风格。以前，他会根据任务截止期限紧盯大家的工作进度，一个项目完成之后，立马要求团队成员将全副精力投入下一个项目之中。虽然效率很高，但这种模式不给人喘息的机会，也不利于总结经验教训以便进一步提升工作成果。

此外，快速切换至下一个项目使得乔一次又一次地错过了给予团队正向反馈的最佳时机。在一个项目刚刚完成之时做出的正向反馈往往具有最佳效果，然而乔以前总是习惯把好话攒着，留到年末写在员工的年度工作考评里。这样一来，团队里有些成员就会对自己的工作能力产生怀疑，不确定上司对自己的工作表现是否满意。

了解到正向工作文化的重要性之后，乔发起了一项长达6个月的实验：他要求自己每个月至少举办两场庆祝会，以肯定团队取得的进展或是让大家注意业务中遇到的好运气。为了庆祝各种成就，他开始尝试新的褒奖方式，包括举行惊喜比萨派对，在总结表彰大会上请一位高管致感谢辞，以及单独请员工外出吃午餐或喝咖啡。

在寻找庆祝时机的过程中，乔收获颇丰。他意识到自己之前总把一些员工的优异表现当作理所当然的事，只是因为他们向来表现出色。他开始越来越注重团队成员付出的辛勤努力，他还发现了可以让员工之间互相“取经”的方法。此外，通过邀请一些客户参与到团队的庆祝活动中，他在提高团队业绩方面也变得越来越驾轻就熟。

在为期6个月的实验结束的时候，乔已变得相当积极主动，并坚持通过举办庆祝活动来打造自己的领导力品牌。

职场庆功，制胜法宝

庆祝活动是肯定团队成绩，激励成员们不断超越过去，再创辉煌的绝佳契机。举办庆祝活动，可以营造更加积极向上的工作氛围，激励团队成员交出更好的成绩。及时的正面反馈是团队发展的强大动力，而一场庆祝活动则是巩固团队成果的有效途径。大家聚集在一起，分享成功和幸运之神眷顾的喜悦，不仅能让每个人的幸福感爆棚，还能增强他们的集体归属感，促进整个团队的健康发展。

如果你把团队的成就事无巨细地记录下来，你和同事也许可以从中发现促成这些成就的细节因素；保持下去，你们一定能取得进一步的成功。庆祝活动为同事们提供了聚在一起的机会，借此他们可以加深对彼此的了解，并就一些事项达成共识。其乐融融的庆祝活动让同事情谊升华为友情，而办公室友情则可以帮助团队保持最佳状态。庆祝活动也是团队反思的时刻，激励大家朝着正确的方向携手向前。同时，它还是向团队成员传达共同目标及理念的有效方式，让他们感受到团队的卓越。

当然，庆祝活动的风格与规格应随情况的不同而有所变化。

大获成功的时刻需要搭配盛大的庆功宴，日常的小进步则只需举杯庆祝。以下是职场庆功的13种方式：

1. 定好会议基调

例行开会时，不妨先简单地称赞下团队近期所取得的成绩，感谢每个成员为此做出的贡献。不论是领导还是普通员工，都可以说句“谢谢”或是“干得漂亮”。这种表达感谢的仪式，可以为会议奠定正向基调，并且营造出一种每个人的付出都值得被感谢的和谐氛围。

2. 创造“炫耀”的机会

当你的团队表现出色，试着为他们找个机会向某个高层或是局外人畅聊这项成就。如果他们不好意思，那你可以代为出面，让他们静静地享受光环就好。

3. 为那些容易被忽视的贡献者设奖

有些成员默默地为团队做着巨大的贡献，却常常被忽视。因此，有必要设立一个“基石奖”，用于奖励那些一直以来为团队发展添砖加瓦的成员。

4. 放松一下

带职员走出办公室，组织一场活动，这无关乎任何问题的解决，而只是为了向他们展示你非常重视这个团队。穿得随意些，吃一顿大餐，策划一些可以让大家纵情谈笑、愉悦身心的活动。

5. 提前下班

如果你是上司，在团队成员辛苦一天之后，想要表达对每个人的感谢，那么让他们早点下班回家绝对是个不错的选择。

6. 办一场惊喜派对

安排一场重要会议，以确保每个人都会出席，等他们来了之后，用你筹备好的晚会给他们一个惊喜，以感谢他们近期取得的成果。

7. 创造媒介事件

为奖励团队成员，可以运用多种媒介方式晒晒他们取得的成果，比如视频展示、在公司内刊中插入照片或者在布告栏中张贴照片剪影。

8. 不放过任何具有里程碑意义的成就

在坚信自己正朝着重要目标前进的时候，人们往往干劲更足。所以千万不要等到一个大项目要结束的时候才去庆祝。在这个过程中，每取得一次关键性的进步，都要不失时机地向团队致谢。比如，办个特别点的午餐会或者准备点小礼物，都能促使团队以更大的热情完成这项任务。

9. 定制队服

T恤衫、镇纸、毛绒玩具或是其他印有团队标志或口号的小玩意儿，可能看起来不太上档次，但是人们收到这些礼物时总是很开心的。因此，记得为那些付出了卓越努力的团队成员订购T恤衫或是马克杯。

10. 午餐买单

不论是请团队成员在会议室吃比萨，还是去附近的餐厅吃顿大餐，都会让他们很开心。还有，用餐期间，别忘了说些真心实意的感谢话。

11. 召集表演达人

在你的团队中，有没有人爱唱歌、弹乐器或是说单口相声呢？不妨召集一些人来表演个幽默短剧吧。死气沉沉的会议，索然无味的午餐时间，立马就能因为这些娱乐活动变得气氛高涨起来。

12. 写便条

留出点空余时间，静下心来好好想想哪些人圆满完成了任务，哪些人对你施以援手，给他们写点什么感谢的话吧。

13. 休息一下

要想最大限度地激发创造力，有规律的作息很重要，包括频繁的小憩，比如花几分钟闭目养神；偶尔大歇一次，比如离开办公桌个把小时，去做做按摩。完成了一项烦琐棘手的任务之后，给自己安排个短假庆祝一番。哪怕是花几分钟跟朋友促膝谈心，也可以帮助你更加精力充沛、目标明确地重新投入工作中去。

不论你是想要为整个团队筹划庆功宴，还是为自己庆祝一项艰难任务的完成，一定要花些时间好好欣赏下工作成果。即便你目前还不是团队领导，隆重地庆祝一番也能丰富你的职场生活，帮你赢得团队成员的专业支持。

38

最好不要迟到

我自己不喜欢迟到。迟到会让我变得焦虑，手忙脚乱，并且一想到迟到可能会打乱别人的计划，我就更加感到不安。

但反过来讲，我一般不介意客户或者朋友迟到。赴约时，我会带上手机和一本书，等待的时间就像白捡来的时间，我可以用来查看新消息或者读点有趣的文章。

我对迟到的宽容有两个前提条件。第一，对方应提前通知我，否则，当对方没有准时出现时，我会怀疑自己搞错了约定的地点或时间，甚至会想到对方是不是出了什么意外。第二，对方的迟到不能耽搁我赶赴下一场活动。

这些都只是我的个人习惯。守时与否，很容易影响个人情绪，人们对于是否应该守时的态度也大相径庭。当对方迟到时，有些人会觉得不被尊重，因而感到愤怒或感觉受到了羞辱。然而有些人则会因为不断地被要求守时，而感到恼火或疲倦。

如果在一个社会群体里，大家都清楚彼此的时间习惯，那迟到一会儿也无所谓。比如说，当这个社会群体中所有人都知道，约好7点的晚餐一般得到7点半才会真正开始，那么你迟到半个小时就无所谓。

然而，在职场中，标准的做法应该是不迟到。美国商业礼仪规范要求，参加会议或活动时，必须准时抵达，不能迟到。某一些场合对时间的要求更为严苛，比约定时间提前一些到达才会被认为是“守时”的。严格要求守时并不是没有原因的。你迟到了一分钟，别人就浪费了一分钟来等你，这一分钟本可以用来做点更有意义的事情。要知道，时间可是生命最宝贵的财富。

由于文化的差异，人们看待守时的态度也各不相同。在某些社会群体中，如果你对于时间有着严苛到近乎偏执的态度，大家会觉得你可笑，甚至会排斥你。怎么确定自己的守时习惯是否合群呢？看看周围的人怎么做，再看看自己的习惯是不是和他们一样。运用下面6种策略让守时的习惯为个人品牌锦上添花：

1．了解规则

也许你的工作场所对于守时有明文规定，但有时大家的实际做法与规定不尽相同。当你进入一个新的工作环境时，记得去了解有关会议开始时间的惯例。比如，10点的会议是否会准时开始，或者同事们是否会在会前聊聊天？

2．建立信誉

如果你目前是那种经常不能准时赴约的人，那么从现在开始，尽可能让自己每次都不迟到。一旦你给别人留下了非常守时的印象，某一次你确实无法准时出现时，大家也能理解和宽容你的迟到。

3. 把握分寸

如果你经常迟到，同事可能会感到恼火，认为你太把自己当回事儿。但是如果你总是纠结于守时这件事，大家就会觉得你太偏狭。为了避免以上两种极端，你必须清楚自己的守时习惯会给周围的人留下怎样的印象。如果迟到让人觉得你一点儿都不在乎，那就是时候改掉迟到的习惯，改变别人对你的看法了。

4. 调整心态

因为别人迟到而不高兴只会平白浪费自己的精力。如何从负面情绪中抽离出来呢？首先要知道别人迟到并不是针对你，他们只是被其他事情耽搁了，比如在赶来的路上堵车了。不要浪费时间生气抱怨，利用等待的时间做点有意义的事，哪怕安静地自省一下也好。

5. 尊重下属

作为团队的领导，你尤其需要守时。如果你经常迟到，整个团队的效率都会因此下降。如果你在约见上司的时候很准时，但是约见下属的时候却迟到，便会营造一种不尊重基层员工的办公文化。

6. 商定规则

如果你和同事对于守时看法不一，找时间彼此交流一下会有所帮助。不管你是习惯拖沓还是准时，和同事商讨出一个互相接受的做法会让你们的关系变得更和睦。为此，可以公开讨论以下几个问题：

- 约定的时间是否考虑到交通或其他不确定因素并预留出弹性的空间？比如，如果要穿越大半个城区去赴午餐之约，可否容许迟到15分钟？赴约时距离最远的人能否有更大的时间弹性？
- 如果团队的每周例会因为大领导的出席而不等你到场就开始，在这种情况下，迟到很久是不是没关系？
- 什么场合下迟到是完全不能原谅的？比如，约好和客户一起吃晚餐的时候？
- 如何才能让别人容忍我们的迟到？预料到要迟到时提前通知对方，迟到后连声不迭地道歉，还是争取下一次不要再迟到？

39

量化进展，让自己如虎添翼

整本书我都在讨论，为了建立充满活力的事业，培养领导气质，我们为什么需要集中精力实现目标，以及应该如何去做。无论你是在为重大而长远的目标做计划，还是仅仅为提高接下来一周的工作效率做打算，你的目标都应该清楚而明确，因为只有这样才更容易实现。

刚开始制定目标的时候，你可能只有一个大致的想法。但是一旦开始行动了，只有明确地设计一套方法来记录并评估进展情况，你的目标才能起到推动你前进的作用。

关于“量化目标”的重要性，你可能已经听过无数次了。要想不断地向目标迈进，你得通过具体的方法来量化自己的进步。例如，你一直想写本书，那么就把这个目标量化成你每周需要完成多少字，如果它是一本约6万字的书，你可以规定自己每周至少写一千字，这样只需一年多你便能完成初稿。

即使每次完成的量不大，你仍旧是在进步。正如第17章所述，你不需要每次都跨一大步，急于求成。从像“糖块”这样的小事做起，只要能持之以恒，最终就会实现目标。

有些优秀的行业专家会拒绝量化自己的进步，这让我很难理解。是因为这样做太浪费时间、太复杂或是太无聊，还是说他们觉得有些进步的价值是无法量化的？如果你也不愿意量化目标，请看看以下4点：

1. 衡量目标能培养目标意识

我们往往会把需要定期记录的东西放在心上，因此当你想要养成某种好习惯时，采取记录的方式能帮助你坚持下去。例如，许多营养学家指出，在减肥的过程中，一直记录饮食和体重，能帮助你养成良好的饮食习惯。同样地，在企业、政府部门和公益组织中，人们愿意投入更多精力到会被评估且记录下的工作中。

2. 量变引起质变

定期记录自己的进步，能鼓舞我们再接再厉。这就是智能记录器能发挥作用的原因，我自己就曾使用过很流行的Fitbit智能手环，对此深有体会。只要能坚持练习某项活动，久而久之便会渐入佳境。在谈论熟能生巧的书籍中，我最喜欢杰夫·科尔文（Geoff Colvin）的《哪来的天才》（*Talent is Overrated*），书中科尔文用自己的调查结果阐述了“杰出人士和普通人究竟有什么不同”。他总结说，在音乐、体育、商业等领域大获成功的人，无不是经过了大量的练习。量变不一定能引起质变，但你练习的次数越多，学到的东西就越多。当你所学到的东西积累到一定量时，就会带来质变。

3. 量化管理，增强自控力

管理学大师彼得·德鲁克（Peter Drucker）曾说“能量化就能管理”，不过对于在职场中的量化管理，德鲁克的看法略有不同。在《管理学》（*Management*）一书中，他谈到了量化管理的风险：“量化管理可能被用来控制和支配其他人。”他认为量化管理其实可以被更好地用于实现“个人自控”。德鲁克还谈到经理们应该运用量化管理来评估自己的工作技能和表现，并有系统地提升自我。

4. 量化管理能取代微观管理

作为培训师，我发现在很多场合下，经理人员心里想着放权，但实际操作时却盯得很紧。为了掌握项目更详细的进展情况，他们会时不时地干预下属的工作，这让团队成员感到心烦。一旦经理和项目负责人采取了正确的量化管理方法后，这个问题便会迎刃而解。有效的量化管理和汇报系统会暴露问题，显示进展，有利于问题的解决和对进步的认可。当下属能够量化并汇报自己的工作时，经理就会对项目的运作更加放心。

尝试各种指标和方法

建立一种量化管理体系往往并不容易，因为很难确定需要记录哪些指标。尽管衡量自己工作的影响和价值很难，但在众多指标中取舍的过程将有助于你最终的成功。选择合适的记录方法需要你问自己一些重要的问题，你可以先将一个大目标进行拆分，然后找出影响目标实现的关键因素。

假设你的新年心愿是提前到公司，那么你首先可以用图表的方式记录下每天的上班时间。连续记录两周内每天提前到了多久或迟到了多久，然后你就会觉得奇怪：为什么有时候想要准时上班会比平时更困难？接下来，记录下每天的就寝时间和睡眠时间，并检查在睡觉之前是否准备好第二天的着装。这时你就会发现按时上班的关键在于提早就寝，然后你就会重新安排就寝前的各种事情，以保证你能早点入睡。当你能够更早地出发和上班时，你所记录下来的数据会让你感到自豪，更有动力保持这个好习惯。

在对所记录的数据进行取舍时，多加尝试会对你有所帮助。以下3种方法会帮助你做出选择：

1. 记录进步，直击目标

有些目标可以以数据的形式记录下来，这也便于你制作记录进展的图表。例如，你想通过经营自己的博客来提升个人形象，一个很简单的办法就是设置一些可量化的目标，比如规定自己接下来的一年里要写多少篇帖子。

2. 善抓重点，注重过程

你常常无法掌控影响成败的所有因素，因此，应当关注自己可以掌控的事情。弄清哪些活动对你的成功帮助最大，并量化这些活动。例如，你所在的委员会想要为某个基金会筹集资金，但是经济不景气导致筹资很困难。当你为委员会成员制定目标时，找出最有效的筹资方式，比如和捐款人通电话及与潜在捐款人会面。你可以直接通过记录委员会成员每个月能筹集资金的数额，来量化他们的工作付出。但是，要想激励你的团队，有效的量化管理应当关注并肯定他们在筹资过程中的努力，如记录他们进行电话或当面沟通的人数。

3. 提升能力

如果你的目标很复杂，就可能需要分阶段去衡量完成进度。很多时候，只有找到了方法、系统和资源，你才能取得实质性进展。比如，为达成集资目标，你们要组建一个工作组，那么你需要先规划好整个流程，再将其分阶段执行。第一阶段可能是招募工作组成员，那么成员们的初次会面则意义重大。在你们的工作初期，你可通过监控能力提升情况来评估进度。这样，当一切安排妥当时，你就可以用更直接的指标来衡量你的进展，比如已筹集到的资金数量。

描绘出自己的理想，并付诸行动，可以把不着边际的愿望变成切实的目标；用相关衡量指标来督促自己的行动，你就能离目标越来越近。

40

巧用万能的核对表

只需一个简单的小工具就可以帮你简化工作、组建团队——听起来是不是很棒？我的客户萨拉*是位出色的技术文档撰写人，她能够以简单明了的方式将复杂的数据展示出来，她为自己的能力感到自豪，也十分喜爱这份工作。

虽然萨拉热爱这份工作，但是从她突然被提升为部门主管的那一刻起，情况发生了转变，她开始变得惶惶不可终日。因为萨拉虽然对自己的工作有着严格的要求，但是她不知道该如何将这些标准跟她的下属说清楚。她希望他们工作出色，但是她又不知道该怎样定义“出色”。

在接受我指导的过程中，萨拉决定运用自己的写作能力去协助团队。她起草了详细的核对表，上面列出了3份团队例行报告中的关键要素。核对表不仅可用作报告的模板，也有利于萨拉和她团队成员之间的沟通。首先，她请大家修改她的草稿，在报告初稿完成后，再召集大家重新评估核对表的实用性，并请大家就进一步完善核对表提出建议。起初萨拉不好意思批评大家的工作，因为毕竟以前都是同事。但是通过和成员们集中探讨核对表，她可以制定出“出色”的标准，而且这样做也不会显得太有针对性。

核对表真正引起了公众的注意是在2007年，为了拯救病患的生命，当时世界卫生组织（the World Health Organization，简称WHO）要求手术室工作人员在手术过程中使用核对表。世界卫生组织的《手术安全核对表》（“Surgical Safety Checklist”）详细列出了19步，包括核对病患姓名和计划流程等基本步骤。虽然列出的都是常规步骤，但是研究表明，在没有核对表的情况下，即使是经验丰富的外科医生也很有可能会遗漏步骤。世界卫生组织2009年的研究发现，有了这份《手术安全核对表》，8个试点医院的手术死亡率和严重并发症的发病率降低了1/3以上。

手术室的核对表流程和飞行员几十年来一直成功遵循的流程十分相似。支持者表示，飞行核对表不仅可以防止慌乱或注意力不集中的机组成员遗忘步骤，还有助于增强人际沟通和团队合作。

核对表有助于提高安全性、准确性和速度

在关乎民众生命安全的行业中，核对表的需求越来越大。因为核对表可以将复杂的项目划分成几部分，使其变得易于操控，也可以防止有人偷懒走捷径。核对表本身没什么技术含量，我们普通人也可以通过使用核对表来提高工作效率。下面列举了一些核对表的使用方式，或许这些方法可以让你更加顺利地完成工作：

1. 设计报告

利用核对表详细规定例行报告的内容、风格及组织架构。

2. 确保准确性

无论是写作还是编辑，使用核对表都会有助于你的校对工作，如“是否检查过所有姓名的拼写”及“引文是否准确，引用是否恰当”。

3. 组织活动

当你组织会议或聚会时，一张详尽的计划表会有助于活动的顺利进行。记下每一个可能的要素，从邀请函、答复请帖到名签和菜单。每一次活动结束后，回顾你的核对表，确保完成了每一个环节。

4. 收拾行李

虽然有些核对表涵盖了任务和流程，不过有的只是简要记录你需要的东西。比如说，把你旅行中需要带的东西记在一张单子上，会有效缓解你的出行焦虑。

5. 选拔候选人

当你需要聘请助手或者选择服务商时，可以把你认为最重要的能力和专业技能列在一张单子上，然后根据清单上的内容评估每一位候选人，这样就会比较容易做出决定。

6. 确保做法最佳

在碰到挑战时，比如进行员工业绩评价或举办年会时，核对表可以让你免出差错。即使发生了最糟糕的状况，比如大厦着火或总裁犯了公关错误时，应急核对表也能让你从容应对。

41

克服大项目后的失落感

当我的客户莉萨*取消了我们的电话会议时，我一点都不吃惊，因为我知道她正在做一个大项目。她的任务是组织一场大型会议，同时利用媒体为公司推出的新产品造势。

我从网上得知，这次会议及相关的宣传活动十分成功。活动至周五达到了高潮，此后几周我一直期待和她的谈话，因为当时我以为她正在享受成功的喜悦。

当我们终于开始了谈话时，莉萨差点哭了出来。她总是把一些小失误放在心上，害怕会让别人失望。另外，为了给新产品上市做准备，她的日常营销工作已经堆积成山，加之别人的一堆请求，压得她简直喘不过气来。莉萨需要制订一个计划尽快完成手头上积压的工作，但她又不想让疲惫不堪的员工再去分担这些额外的工作。莉萨在大项目结束后会感到失落，这种状况十分典型，以下是她的症状：

1. 筋疲力尽

由于这个项目很重要，莉萨已经连续工作了很久，无暇顾及正常生活。她夜里辗转难眠，很久没去健身房，好几周都没跟闺蜜聊过天，更别提跟丈夫一起共进晚餐。

2. 怅然若失

这个项目很有意义，也很振奋人心。项目进行期间，莉萨与高层并肩作战，她第一次有机会跟总裁频繁地交流。虽然有压力，但她的员工能应付自如，听从她的领导，让她很是骄傲。现在大项目已经结束，一切都变得枯燥乏味。跟在特别活动中尽情施展创造力相比，一想到处理逾期未完成的日常工作就觉得乏味至极。

3. 情绪低落

莉萨一想到要面对所有逾期待完成的任务，就感到又疲惫又沮丧。她为自己的不知所措而郁郁寡欢。她说，“活动明明很成功，为什么我还是感觉很糟糕？我这是怎么了？”

如何克服大项目后的失落感

当莉萨意识到在付出了很多努力后出现失落感纯属正常时，她感觉好多了。其中一个原因是在大项目期间，人的大脑发生了某种化学变化，这种变化能让其坚持工作。可能一个重要的会议会让人的多巴胺激增，或是跟领导共事让血清素水平升高。一旦这种振奋情绪的化学物质回归到正常水平，人们就会感觉自己的世界好像出了问题。

休假一天之后，莉萨逐渐从项目后的崩溃情绪中恢复过来。从那以后，她学会了提前做好计划，确保自己能在每次大项目结束后快速恢复到正常状态。以下这些策略帮助了莉萨，也能帮你远离大项目后的失落或者从这种失落中恢复过来：

1. 管理好期望值

莉萨的一部分问题在于几周以来，她一直告诉别人："会议结束我马上回复你。"所以大会结束后的那个周一，她一来到办公室，就被"我们现在能谈谈吗"这种接二连三的信息搞得措手不及。后来，她利用项目管理软件，根据实际情况来规划她的团队在特殊活动结束后完成日常任务所需的时间。

2. 劳逸结合

莉萨没日没夜地工作，让她的生活乱了套，无论在家还是办公室都备感压力，夜里也难以入睡。现在她学会了坚持自己的健身计划，并在日程表中给自己留出些放松的时间。她发现，规律的作息，包括室外快走，能让她保持冷静，充满创造力。

3. 提前计划

莉萨在有盼头的时候会更加开心。如果会议结束后近期没有新鲜事，未来就仿佛一片暗淡。所以现在她会列出将来有意义的项目和有趣的活动。通过提早做好活动和假期计划，让自己的生活更有期待感。

4. 听取汇报

有一件事让莉萨很受益，那就是会议结束后，她和她的团队会立即仔细回顾哪些工作是做得对，哪些工作未来可以改进。通过检验项目细节，她清楚地知道了那些进展顺利的事情，还有下一次该如何把事情做到更好。之后的几天里，当她有挫败感时，她就可以通过回忆成功的细节来战胜这种感觉。

5. 庆祝成功

莉萨莎意识到她可能不是唯一一个在会议结束后的几天里感到失落的人。她给许多帮助过她的人留了字条，并安排了一顿庆功午餐来感谢团队成员的努力工作。她接着又带生病的丈夫一起出去吃晚餐庆祝。当她跟其他人一起为自己庆祝时，她从成功中得到的满足感就越来越多。

在完成一个重大项目或一件期待已久的事情后变得情绪化再正常不过了。有时候继续向前的最佳方式就是留意你目前的感受，甚至写下你的感受。然后找出将一个大项目的结束转变成另一个新项目的开始的方法。

42

适时放下身段

我的朋友罗伯特*所在的公司为他提供了职位调动的机会，对此他刚开始很兴奋。他告诉我这么多年来他早就厌倦这份工作了，比起现在的岗位，新的职位能让他在职业道路上得到更多有趣的机会。但罗伯特很快就发现了问题，虽然职位调动能让他的薪水稍有增加，但这也意味着他将失去“副总”的头衔。

我为罗伯特感到遗憾。他原本有机会去尝试激动人心的工作，却因害怕同事误会他被降职而备受煎熬。因此他准备拒绝这个机会，即便他已经受够了现在高高在上却无聊透顶的职位。

就在我跟罗伯特进行谈话后不久，我读到了一本有趣的书——迈克尔·科达（Michael Korda）的《马族》（*Horse People*），其中有一段对马匹表示同情的话，科达是这样描写马的从众行为的，“马在草地吃草或在马厩里站着打盹儿时，无论它们表面上看起来多么平静，其实内心一直在忙着留意自己的地位，对于任何看似会改变或挑战自己地位的事情，它们都会琢磨上半天。总之，当一匹马不容易”。

这正是罗伯特以及其他很多人的真实写照。人类是社交型动物，有时我们会过于关注自己的身份，任何对身份有影响的事情都会让我们心烦意乱。有人甚至会因为他人的看法而坐失良机。总而言之，人生不易。

但人类不是群居动物，我们没有必要总是屈服于大众的压力。

诚然，每个人都想得到同事的尊重。心理学家亚伯拉罕·马斯洛（Abraham Maslow）提出了关于人类行为动机的经典理论，他指出：人类行为的基本动机之一是得到别人的尊重。优秀的领导者都知道，让团队成员觉得被接纳和被珍惜对一个团队来说很重要。

在职场上，当我们想偷偷撂挑子的时候，对成功的渴望促使我们不断向前。当我们尽心竭力完成一项工作之后，同事的表扬和赞赏会让我们觉得一切努力都没有白费。

想升职加薪、春风得意的愿望固然会在职场上给你带来动力，但也可能会引你走入歧途。有时候，追求身份和荣誉会浪费你的时间，或者导致你做出错误的选择。在遇到下面5种情况时，或许不追求地位和声望，放弃这些太世俗的渴求才是明智的做法：

1. 当你就是领导者的时候

你有没有遇到过特别在意自己职位身份的部门经理？明明是她坚持提前开会，她却迟到，而且讨论一开始就玩手机。能力弱的领导者一般会玩权力游戏，强调自己高高在上的职位。而领导力强的领导者则倾向于尊重每一个人，关注实际工作，并不在乎等级标签。

2. 当你升职的时候

升迁伊始，为了显示自己学识渊博、资历深厚，你很容易就会滔滔不绝。炫耀自己位高权重能让你感觉良好。但既然你已身在其位，那就表现得谦虚一点。多聆听，多学习，建立良好的人际关系。

3. 换工作能给你带来机会的时候

职场上“应该沿着等级阶梯一步步往上爬”这种想法早已是隔年皇历，抱着这种想法有时甚至会坑了自己。现如今，漫长的职场生涯复杂多变，横向调整甚至另起炉灶都是家常便饭。如果目前的职位已经让你感到停滞不前或者岌岌可危，那就换一个工作吧。为了使职业生涯重获新生，即使短时间内付出降级或者失去头衔的代价，也是值得的。告诉自己不要在意他人的看法。到头来，聪明的旁观者都会看出，你走的是一着妙棋。

4. 当你准备好彻底改造自己的时候

如果你想平稳地进行职业生涯的重大转型，一开始就要愿意做个初学者。当初我决定离开法律圈和商界，准备做一名高管培训师时，着实做了一番心理斗争。做律师的时候，法律领域的专业知识让我自信满满。但我还是调整了心态，重返校园学习新知识。

5. 当你感觉焦躁不安、心神不宁的时候

渴望别人的尊敬是人之常情，但自尊比这更为重要。如果你

需要公众的认可才能增加自信心，那你可能就要反思一下或者做个咨询了。神经质地追求声誉或者过分担心出糗，都会让你苦不堪言，难以获得梦寐以求的成功。

尽管我们已经不再是青葱少年，我们依然想看起来酷一点儿。但凡心智成熟的成年人都会明白，费尽心思挤进“潮人”圈不过是场游戏。多想想生活中重要的事情，把目光放得长远一些，这样在你自己不如意或失意时，忘掉身份等级就容易得多。

同样，如果你厌倦了同事对微不足道的等级标签患得患失，要对他们施以同情，因为被身份等级扰得心神不宁的人内心也苦不堪言。请牢记一点：人生不易。

43

不在其位，亦谋其政

你知道怎样领导某个委员会才能完成工作吗？你知道当你没有实权的时候，怎样领导一个工作小组吗？现如今，要完成大多数工作，都需要让一群没有共同目标的人团结一心。但不管你要与创业伙伴共同商讨创业灵感，还是要主持一个委员会或者担任专家小组的咨询顾问，如果你不是他们的上司，要领导他们有时让人心累，就像驯服一群猫一样。

有一个人对这件事很拿手，她很擅长领导具有不同职能、持不同意见或者身处不同组织的人，她是我的朋友，也是我的长期学员，她叫谢里·利特尔。2009年，谢里与人合伙创办了斯巴达咨询有限公司（Spartan Solutions，L.L.C），负责大型基础设施项目的开发和管理。职责所在，谢里经常带领员工促成公私合作项目，建造城市地铁、电车线路、轮渡码头等设施。谢里是美国参议院的资深职员，参议院制定交通法的时候通常需要协商不同党派人士的意见，她在其中学到了很多政治技巧。后来，谢里在美国交通运输部联邦公共交通管理局（U. S. Department of Transportation's Federal Transit Administration）做代理局长的时候，争取到了60亿美元的预算金额。当时她还不到40岁，斯巴达公司还没有正式成立。

谢里现在的工作要求她召集一些人建立团队，这些人可能有不同的目标、不同的兴趣或者来自不同的专业领域。我让她分享一下她最爱使用的策略，想看她是如何建立高效的委员会和工作小组的，她讲了4条"驯服一群猫"的小建议：

1. 开个好头

新成立工作小组后，可以在第一次会议上奠定以后的工作基调。第一次会议和邀请程序要安排妥当，这一点至关重要。提前准备好书面材料，确保讨论过程有条不紊，这样每个人开完会都能对团队目标心中有数。

2. 分配任务

确保工作小组的每个成员都有具体任务，无论任务大小。谢里表示，人们只要有一点小事可做，就不会袖手旁观，指指点点。

3. 跟踪任务

不管是推举的秘书筹备正式的会议纪要，还是参会者轮流按时用电子邮件发送非正式的便条内容，重要的是要对每一个行动项目和小组的决定了如指掌。谢里会书面记录所有任务，每个任务都能直接对应到人。

4. 详说决定

谢里建议，不管你有没有直接决定权，只要你是合作小组的负责人，都应该聆听所有组员的意见。然后，一旦你确定行动方案，就需要解释清楚为什么这么做。有一点她觉得尤其重要，就是你要说一下你是怎么考虑那些异议的。当小组成员理解并尊重决策过程时，他们就会感觉自己受到了重视。这样做也会让他们更有可能认同你的决定，在下一次决定前会更积极地参与讨论。

使用“驯猫三角法”制定策略

谢里明白，带领一个合作小组既需要强大的组织能力，也需要其他软技能，比如了解每个组员的需求。在和客户交谈时，我会遵循一个交谈模式，为一个团队或者委员会提出领导策略，我把这个模式叫作“驯猫三角法”。我提出的这个模式是受到了马克·摩尔（Mark Moore）在《创造公共价值》（*Creating Public Value*）一书中提及的“战略三角”的启发。如果你在带领团队时确实感到像养了一群猫一样无所适从，你可以定期问问自己下面3个问题，以确保工作顺利完成：

1. 任务是什么？

每一个成员都应知道这个团队为什么存在，这一点非常重要。团队目标会随着时间的推移而不断变化，但是团队成员要时刻保持对目标和责任的统一、清晰的认识。如果这个委员会或者团队是一个更大的组织的一部分，要保证团队行动和大方向一致。当你面对一个具体项目或者挑战时，罗列出可能要做的事情，组织好成员，这样有利于大家为总目标共同努力。

2. 谁是利益相关者？他们有什么需求？

在最开始的时候，尽可能多地了解所有的成员。知道他们在这个团队谋求什么，也要知道他们代表的利益集团。你越了解成员的需求和利益，就越容易促进合作、达成统一。除了这些直接参与的成员，还要考虑其他潜在相关者的利益。因为这些人有可能为你提供帮助，也有可能阻碍你的进展。定期思考这些群体或者个人可能会对什么感兴趣，而团队的活动又会对他们造成什么影响。

3. 会议的后勤是否到位？

作为带头人，关键工作之一是组织高效的会议。首先你要确保自己有相应的能力，能完成议程安排、时间分配、任务了解等工作。第31章中讲过很多安排会议的技巧，这些技巧可以帮助你带领团队前进。

而带领一个相对而言不成体系的团队，你必须具备很强的组织能力。同时，你也应该认识到，某种程度上来说，参与并投入精力是一件自愿的事情。这要求你注意每一个参与者，并且了解适合不同的人的激励方式。

44

制定远大目标，让自己走得更远

我和盖尔·威廉姆斯–拜尔斯第一次见面是在20世纪90年代初，她的果断给我留下了深刻的印象。当时她刚开始在白宫实习，这份实习职位可是很多人梦寐以求的。盖尔当时在凯斯西储大学（Case Western Reserve Uniuersity）上大三，她需要写一份实习报告，说明她在实习期间学了什么，才能拿到凯斯西储大学12学时的学分。

盖尔的难题是：白宫的上司给她的唯一任务就是复印文件。她需要那些学分，但她觉得很难拿到，因为她没有学到任何东西。

后来，盖尔通过一个熟人，在我华盛顿的办公室找到了我。她请求我腾出几分钟和她交谈，然后非常郑重地表示她希望能把实习单位转到我在美国压缩天然气公司的团队。盖尔告诉我她愿意做任何事情，只要能让我觉得雇用她是值得的。但她希望我给她安排一个有挑战性的任务，她必须从中学到点什么。

如今，盖尔的父母都是博士了。但在盖尔还是孩童时，家里还没有人上过大学。作为家里第一个大学生，盖尔如饥似渴地学习。她把在华盛顿的那个学期当成一生难得的机会，这个机会不仅仅对她个人来说很重要，对她整个家族来说也很重要。她需要一次完整的体验，即使她因此要离开白宫，投入一个全新的领域。盖尔毕业后回到了我的办公室，继续在天然气公司工作，同时还拿到了法律博士和公共管理硕士的联合学位。后来，在华盛顿工作的最后一年里，她在一个参议院委员会担任律师。从经受种族歧视到罹患乳腺癌，盖尔在20岁出头的时候遭遇了不少挫折，但我坚信她最终一定会成功。我知道她会不停地挖掘自己的潜能，因为对她的家庭来说，她的未来非常重要。

2011年宽扎节期间，来自俄亥俄州南欧几里德市克里夫兰郊区的一个社区团体给盖尔颁发了“自主奖”（Kujichagulia Award），表彰她的果敢。这个奖是对盖尔37岁当选南欧几里德市法院的第一位非洲裔法官的祝贺。

邻居们都赞扬盖尔的决心和毅力，她也的确堪为有决心、有毅力的榜样，我为她而骄傲。她一直在努力，不断地接近目标，哪怕全世界仿佛都在与她作对，她也绝不低头。竞选法官需要她挨家挨户地宣传自己当上法官后会带来的新气象。就在这竞选过程中，她经历了人生的一个低谷。

那天，她敲开一条长街上的第一扇门，抬头便看见一个男人板着脸，不愿意听她宣传的样子。那人用手指戳着她说：“我们不想听你说。我们早就想好选谁了。你不可能赢的，小姑娘！”盖尔顿时觉得疲惫不堪，看着剩下30多家还没有敲开的门，她产生了消极的想法："恐怕我真的干不下去了。"

接下来的竞选之路漫长而坎坷，盖尔几欲放弃。我问她是什么原因让她坚持下去的，她说："决心和毅力。每当我想放弃的时候，就逼着自己继续努力一把，向目标再前进一步。"

跟父母一样，盖尔也相信，一个人不管出身有多贫寒，只要肯努力，就可以成为理想中的自己。盖尔说："只有想不到的，没有做不到的。"关键是要知道，"有个远大的目标，就容易坚持下去"。

为赢得竞选，盖尔制订了完备的法院改革计划，以打造一个更加透明的服务型法院。每当受到打击时，她就会努力不去想一些乱七八糟的东西，而是专注于思考这样的改革将会为整个社区带来怎样的福利。我的一些客户也会像她这样：只要对整个集体的前景有所规划，便会觉得浑身上下有使不完的劲，但若雄心只倾注于自己身上，则很容易焦虑烦躁。至于究竟该怎样打造辉煌的事业，盖尔法官有6点建议：

1. 确定远大的目标

为改善整个团队找出路、做贡献，而不是只考虑自己。为你的团队、家人和社区确定一个目标，激发自己的一身干劲儿。如果担心目标太大，忙不过来，想想自己为什么工作。是为了家人，还是为了事业？一旦明白了你的努力不仅仅关乎自己的尊严，便会更容易坚持下去。

2. 把握能把握的，接受不能把握的

盖尔在法学院读书时，不幸得了癌症。面对这无法改变的现

实，她把所有的精力都集中在学习和照顾自己上面。她说，得了癌症是无法改变的现实，但癌症却给了她一份“礼物”，教会她把握自己有限的时间。

3. 借助精神导师和榜样的力量

盖尔十分敬佩她的父母，也始终在向父母学习。据我所知，她向来热衷于虚心向别人请教。她说，如果你拥有了这么一个强大的后盾，在遇到困难时，便更容易坚持下去。只要多加练习，久而久之，你会变得更善于寻求帮助。

4. 装出自制力

你会不会时常觉得如果自制力再强一些，就能有更大的成就？盖尔的建议是你可以想一想假如你的确具备必要的自制力，你会为实现目标定下哪些步骤？例如，假若你每周提交报告的截止时间是星期五中午，可不可以周四下班之前就打好草稿？一旦脑海中清楚地形成一个概念，知道如果自制力够强的话会怎样表现，就按照想象的那样去行动，每周四下午就开始写报告。每次都装作有自制力的样子，以此来锻炼你的自制“功力”，从而培养出真正的自制力。

5. 自嘲

决心和毅力有时可能会变成自大或者自以为是。有个好办法可以避免这样的事情发生——保持幽默感，尤其是要幽默地看待自己的错误和失败。竞选期间，盖尔每天早上5点半就起床，穿着运动衫挨家挨户地敲门，向他们宣传该怎样利用社区法院资源。后来每每回想起那段经历，盖尔都会笑自己好傻。

6. 培养自信

辉煌的事业和远大的目标都需要足够的信心来支撑。确定一系列小目标并一步步去实现是培养自信的一个方法。每实现一个小目标，你就会多一点自信，渐渐地，你便可以瞄准更大的目标。同时，要努力装出自信的样子。

在设立长期目标时，豪情万丈地宣称要让世界变得更美好，这听起来似乎有些狂妄。你可能会想：就靠我这微不足道的能力和有限的资源，怎么可能做出那么大的改变？为打消这样的消极念头，你可以假想一下：如果你比现在更聪明、更勇敢、更自信的话，你会制定怎样的目标？如果你跟盖尔法官一样出色，会制定怎样的目标？所以你要掌握的秘诀是：你确实很出色，跟盖尔法官一样出色。尽管去制定一些大的目标，开始行动，哪怕每次只是前进一小步。

45

哪怕犹豫不决，也要继续努力

本章要探讨的问题，在女性中更为常见：为什么那么多聪明能干的人，在恰当的时机遇到宝贵的工作机会，却还是犹豫不决？我曾从一些企业高管那里了解到他们的忧虑，那些优秀女员工往往都不愿意为升职而努力。我也曾从很多客户那里得知，他们也有类似的问题。即使能力欠佳的男同事都坐上了领导的位置，很多女性也不敢尝试。

最近几年，有些领域的人们开始感到疑惑：为什么很多聪明能干的职场女性，似乎都不太愿意追求升职？为什么女性，尤其是法律、科技等领域的女性，攀登到职场顶峰的速度总是比男性要慢？

这里并非将男人和女人完全对立起来讨论，也不是谁更胜一筹的问题。女性很少能够充分发掘自身的职业潜力，对此，一些颇有见解的男士曾向我表达过他们的担忧。例如，最近有两名工商管理学院的男性教授问我，为什么他们带出的优秀女学生，事业心还不如表现一般的男学生好？我还从一些经验丰富的美国记者（男女都有）口中得知，虽然大学里新闻专业的女生比男生要多得多，但是目前的主流纸媒和新媒体仍然由男性主导。

这个问题可能部分源于女性早期进入劳动市场后形成的职场文化。我搭上了女性从法学院毕业，然后进入华盛顿律师事务所工作的第一班顺风车，那种感觉真是美妙无比、激动人心。但是有时想起自己大着胆子去做“第一批女性”这件事，仍不免有些后怕。即使职场不存在捉弄性质的或显而易见的双重标准，女性进入男性一统天下的工作环境，也总会感到有些力不从心、手足无措。

“第一批女性”如今已是“老女孩”了，她们很多人如今谈起此事，仍然感到后怕。几十年前，她们拼命努力，希望得到认可。几十年后，虽然已是身经百战的职场女性，但在机会来临之际，她们与常人无异，也会有些犹豫。有的时候，这种犹豫来自心灵的疲惫；有的时候，只是觉得前方希望渺茫、荆棘重重，哪怕向前迈出一步，都是难上加难。

直面犹豫心理，摆脱胆小行为

你是否有过这样的经历：面对拼命换来的、千载难逢的机会，你却不知为何就是无法勇敢向前迈出那关键的一步？这种犹豫不决，并不是只在大好事业机遇出现时才会表露出来，也不是阻止你前进的唯一原因。深入探究，你会发现，犹豫已经成为你行为模式不可分割的一部分。但只要你想改变，完全可以改变这一行为模式。

如果你在平时处理小事的时候，学着克服犹豫不决的心理，那么等到更大挑战和机遇来临时，你便会更加轻松自如地处理。下面是一些可能导致犹豫的原因，以及可以采取的方法：

1. 自我贬低

有些时候，说一句精练的话就能让你释放出强大的气场，但如果总说些诸如“也许我的看法不合适啊，我觉得……”之类过度谦虚委婉的话语，则会让你的信心大打折扣，甚至发挥失常。如果你深有同感，记得下次想说“也许尝试一下……也挺好”的时候，停顿一下，直接说“就这样做吧！”

2. 害怕风险

女性刚开始攻读法律、工程和金融等学位时，时常受到冷言冷语的打击。面对不断升级的学术和工作压力，有些女性开始变得很不自信，极度害怕事业会遭遇失败。不管出于什么潜在原因，不管你是男性还是女性，你是否意识到，过度担心失败会阻碍事业的发展？如果你觉得你比一般同事更加害怕风险，试着努力把每次恐惧当成机遇。想象一下，如果不那么优柔寡断，你会怎么做？然后从现在开始，遇到需要摆脱胆小行为的时刻，就按自己想象的那样，勇敢一点。

3. 自我怪罪

在职场上，女性常常感到不受欢迎，这便导致她们总想说

“对不起”，哪怕根本不是她们的错。每当工作进展不顺的时候，她们总想怪罪自己。对于有些人来说，忍着不道歉而直接去处理问题，寻找解决方案，仍然是个挑战。关于什么时候该抑制想道歉的冲动，可参见第25章中的一些建议。

4. 优柔寡断

犹豫的感觉会让你像个木头人，就像站在两堆稻草中间的驴子，不知道该吃哪一堆好一样。通常，最糟糕的决定，往往是不做决定。如果无法下定决心，与其无止境地忍受痛苦，不如抛个硬币吧。给自己限定时间，必须做出决定。即使觉得有些武断，也一定要选择其一。然后头也不回地大步往前走，不管你选择的是什么。

留意自己的犹豫，然后继续勇敢前行

减肥成功的人都知道，饥饿的时候也可以不用马上就去吃饭。

当你感到一阵饥饿的时候，别急着去找饼干吃，你可以选择深呼吸，忽略想吃的念头。同理，当你突然觉得不满足时，也不要立刻去“摆平”这点暂时的不舒服。认识到自己在犹豫，但继续前行，不确定感很快就会烟消云散。

同时，我们还要认识到，每个人（不管男人还是女人）都会经历这样或那样的恐惧。面对不熟悉的情形，我们都会犹豫一下，这很正常。但是偶尔的不确定感，不代表你将永远止步于此。一旦你对面前的困难有了清楚的分析，你就能自信起来，勇敢前行。

46

直面年龄歧视问题

萨拉[*]毕业于一所顶级学府，并取得工商管理学硕士学位，之后她成功击败其他应聘对手，顺利进入一家大公司，并被安排到营销部门。入职以后，萨拉认识了一位厉害的导师，获得了很多不错的工作任务。几年来，萨拉成为她所在团队里最年轻的专家，她很享受被人当作新秀的感觉。

然而，随着公司逐渐发展壮大，一批新员工入职后，萨拉开始感到自己不那么被重视了。她整日被一些琐碎的日常工作包围着，那些新鲜有趣的项目全被年轻的同事纳入囊中。

萨拉被指派去监督实习计划，但她告诉我，她根本不喜欢这个工作，因为实习生都缺乏应有的职业道德，只是一心痴迷于玩各种新技术产品。一天，她来到办公室厨房，听到他们在取笑她对社交媒体一窍不通。她向我求助，跟我痛心地说自己已经过了职业生涯的顶峰，正在走下坡路。她感觉已经无缘于公司有潜力的挑战。虽然当时只有34岁，她却感觉自己已过盛年，没有什么竞争力，去其他公司也找不到什么好工作了。

萨拉感觉自己受到了年龄歧视。从某种程度上来说，她的担忧不是没有理由的。职场上对大龄、老龄的歧视非常普遍，有时很难根除。企业总是在寻找“新鲜血液”，即使像萨拉这样30多岁的人员有时也会被边缘化。

为了改变这种局面，萨拉采取了一系列办法来展示自己的活力和热情，不久就精气神儿十足，像变了一个人似的。她觉得很有效的一个办法是找到一些成功的大龄榜样，从他们身上看到年龄大并不会妨碍一个人取得成功。她注意到，虽然一些同事因为穿着过时而不受他人尊重，但另一些同事虽然年纪较大，却能永远保持年轻的气质。

如何避免同事对你年龄的歧视

如果同事因为你年长对你有一些微妙的偏见，而你又很喜欢目前的职务，那么现在该制订计划了。避免遭到年龄歧视有一个很好的切入点：找出是怎样的负面刻板印象导致了这种歧视，然后与这种刻板印象保持距离。不妨考虑以下7个方法，甩掉年龄歧视的负担：

1. 精通科技

你不一定非要天天在Instagram（一个移动平台的图片分享应用）上晒照片，用Skype（一款即时通信软件）聊天或者不停更新推特的状态，但如果同事和客户都在使用这些社交工具，你至少也得会用。要想不落伍，就得紧跟技术发展的潮流。你可以去上一些培训班或找人帮助，购买你需要的通信工具，尽量保证自己的技能永远够用。即使不了解最近的技术发展动态，也不要指责技术发展带来的弊端，而要培养兴趣，寻求帮助，与同事的步伐保持同步。

2. 气质稳健，行动利索

一些公司和年轻的员工认为，年长的同事身体状况每况愈下，无法完成自己分内的工作。如果上司或客户认为你心脏不好，他们就不愿意给你安排新任务或项目。要想最大限度地把握职场的各种选择，仅仅身体健康是不够的，还要让人感觉你精力充沛，富有活力。

3. 避谈不适

大多数人偶尔都有身体不适的时候，但我们可以妥善调理，确保职场工作不受影响。就像我在第19章提到的，喋喋不休地唠叨自己的问题或危机，对你没有任何好处；同样，如果你毫无休止地唠叨健康问题，别人听了不仅会心生厌烦，而且会觉得你是个病秧子，已不再年富力强。你应该和同事谈谈你上周末做了长途徒步旅行，而不是说周一早上起来感觉腰酸背痛。

4. 新潮入流

如果你现在22岁，穿着破旧也许是“潮”的表现。但随着年龄的增长，穿着光鲜亮丽、新潮入流更为重要。如果你的着装、发型或眼镜似乎已经过时，在别人眼里，你也许已经过气了。这并不是说应该穿得像个小青年似的，但你的外在形象一定要入流。

5. 勿提年龄

如果你的同事比你年轻或年长，你会不自觉地想着说起这个事实。但如果能稍加克制，对年龄差异闭口不谈，同事们很可能会忘掉这个差异。另外，也不要没完没了地说自己过去的美好时光，因为这也等于在提醒别人你的年龄有多大。

6. 广交朋友

如果习惯了和不同年龄段的朋友交往，你就更容易融入比自己年轻或年长的同事圈子。不要让年龄成为社交生活的障碍，这样，在职场上与不同年龄段的同事交谈和交往才会更加自在。

7. 学会倾听

要建立牢固的同事关系，带着一颗真诚的心去倾听别人的想法是很好的起点。如果你比别人年长，不要对年轻同事的谈话不闻不问，要学会从他们的视角看问题。

放下自己对年龄和外表的成见，找机会与不同年龄段的同事共同开展项目，就可以更娴熟地规避年龄偏见。

47

以不变应万变

安德烈娅·威尔金森是我指导时间较长的一名高管，她在一家企业负责全球政府联络计划和发布生物制药产品战略的工作。她提出了员工如何在企业的长期转型中保住职位的问题，并请我就这个主题做一个演讲。

我对她提出的这个主题感到有些吃惊。安德烈娅所处的生物制药行业经历了长时间的转型，而她在这股变革潮流中周转自如，实现了职业生涯的大丰收，我真的想不出还有哪个比她更驾轻就熟的高管。她经历了无数次公司合并、部门清算和企业重组，每次都安然无事。从当年在国会工作之日起，安德烈娅一直能不失时机地另谋高就，而且在不断跳槽的过程中积累了较高的信誉。

因此我意识到，安德烈娅对自己的前景没有什么忧虑，她担忧的是业内同事的职业前途。她看到一些同事只是惶惶不可终日，却不会像她那样采取各种生存对策。因此，在准备演讲过程中，我以安德烈娅为案例，展开说明如何在充满种种不确定性因素的转型期保全自己。当外部环境风起云涌时，安德烈娅采取以下办法来开辟自己的职业道路：

1. 知道变革并非针对你

企业变革就像一场疾风骤雨，所到之处，一片狼藉，受影响的不只是你一个人。怨天尤人帮不了你任何忙，只会让你的处境更加糟糕。开阔眼界，拓宽视野，对于保全自己的职务更有帮助。即使发现自己被莫名其妙地卷入企业重组的旋涡，也不要心生怨恨，既来之，则安之。

2. 了解行业和市场环境

安德烈娅之所以每次都能化险为夷，其中一个原因是她总是会花点时间研究公司的业务、市场动态、监管框架和政治局势。她非常了解竞争对手，能敏锐地把握顾客的需求和兴趣，对于创新的动态也了如指掌。她的思维方式就像企业总裁，因此能洞察各种趋势，以充分的准备迎接各种波动。

3. 了解上司的目标

你的多年老上司也许会不无自豪地回顾你几年前的出色贡献，但当企业境况变得艰难时，这样的赞誉也许不足以保住你的饭碗。你最看重的同事应该是能解决当前问题并能协助上司实现未来目标的人。如果你想在未来几个月里一帆风顺，一定要了解上司眼前的目标。问自己这样的问题：他们为了实现成功必须做什么？我是否可以采取更多的办法助他们一臂之力？

4. 建立人脉！建立人脉！

安德烈娅之所以能够每次都绝境逢生，另一个原因是她的人脉非常广。她每到一个地方，都能广交各路朋友；无论公务多繁忙，她都会抽出时间和他们保持联系，而且她总是愿意主动提供帮助；在自己有需要时，也会向朋友求助。我在本书中多次提到，无论你在找工作还是搜寻新点子时，如果你有广泛的朋友圈，你就更有底气。安德烈娅告诫大家，结交新朋友时，一定要抽点时间去听听对方的想法，要多拓展自己的圈子，主动参加项目，想办法去结识公司其他部门乃至公司以外的人。

5. 另辟蹊径，寻找稳定

一些人不太善于适应不确定的状态。如果职场的持续变动让你感到疲惫不堪，不妨从生活的其他方面寻找可以信赖的人和团体，给自己的精神方面提供一些慰藉。安德烈娅可以说是个工作狂，但她绝不会为了工作而牺牲自己的生活。她积极参加礼拜，努力与很多朋友保持联系，而且也会抽时间去看望居住在全国不同地方的家人，以及像我这样的导师。安德烈娅营造了很好的生活秩序，工作再忙，都能拥有自己的空间。

6. 保持健康

必须承认，变革会让人筋疲力尽。当世界似乎在不断变化时，要理清基本的头绪，就需要投入更多的精力。在遇到紧急情况时，没日没夜地工作也许是个办法，但当转型成了一种新常态，这种策略就非常短视，完全不可持续。你需要为打一场持久战积蓄体力。安德烈娅不是什么运动健将，但她知道，定期的健身和充足的睡眠是自己在变革时期表现出色的重要保证。

7. 减轻经济压力

安德烈娅每次能保住自己的工作，还归功于一个原因：她从不忌惮于丢掉饭碗。有一段时间，她一直想着买一套大一点的房子，最后还是将就着住在自己的老房子里，用余钱做了更多的投资。当你境况不确定时，最好为今后做好安排或者为创造其他收入来源奠定基础。搞点“副业”还有另外一个好处。我注意到，当客户兼职捞点外快时——无论是做咨询还是纯粹的兼职工作，他们的全职工作也会做得更有声色。实际上，这样做还可以激发你的创业灵感，让你始终保持职业热情。

48

玩点艺术，提升职场创意

要成为有创业精神的专业人员并玩转职场，你必须能与时俱进，不断寻找各种办法提升工作产出的价值。要做到这点，你就得有点创意，要始终以开放的心态学些新知识并有所创造。但创新从来与身心俱疲无缘。

那么，当工作任务已经应接不暇时，还怎么提高自己的创造力呢？答案是：要做好本职工作，你必须确保身心健康，精神愉悦。现在你已经知道，在职场上取得成功的关键是坚持保养和健身计划，身体是革命的本钱。但这只是最基本的要求。要发掘自己的内在创意，并提升自己的健康，不妨接触一点艺术。

梅里·福雷斯塔（Merry Foresta）是美国艺术方面的专家，她出版了多部艺术著作，其中2015年就出版了两本，一本是《无框艺术家》（*Artists Unframed*），以引人入胜的文风，简要介绍了一些富有传奇色彩的艺术家；另一本是《欧文·潘：超越美》（*Irving Penn: Beyond Beauty*），书中载有这位摄影艺术家的161幅经典照片。

作为一名历史学家和策展人，梅里向来对艺术与创新之间的关系饶有兴趣。例如，在研究19世纪历史的过程中，她被艺术大师兼科学家萨缪尔·摩尔斯（Samuel Morse）的丰硕贡献深深吸引。摩尔斯是美国最伟大的画家之一，电报发明者，另外，他还将摄影技术引入了美国。摩尔斯兴趣广泛，但是他的这种兴趣组合在他当时的圈子里并不罕见。梅里告诉我，直到20世纪，领导力教育的重要一环仍是学习艺术与培养批判性思维并重。

30多年来，我一直在向梅里“取经”，和她共同探讨激励创新的办法，我非常享受这个过程。20世纪90年代初，我们一起开展了第一个大项目，当时梅里在史密森学会的美国艺术博物馆做摄影艺术策展人，我在美国压缩天然气公司负责外部联络事务。当时的史密森学会很少与企业合作，但我们绕过了体制壁垒，共同研究出了新的合作模式。合作的结果就是史密森学会推出了美国压缩天然气公司系列摄影作品，包括一本不错的书及一系列展览。

梅里后来担任了史密森学会的全职高管，负责制订开创性的“摄影艺术计划”——将该学会有史以来的所有摄影作品都发布到网上。如今，梅里偶尔也会客串担任策展人，但主要工作是以全新的方式与博物馆、大学及其他机构合作。每当这些机构希望重新审视方案假设、提升创意时，都会邀请她出谋划策。就这样，她帮助客户重新发现了一个事实：艺术可以激发原创思维，让人们在错综复杂中找到新的联系，激励他们通过发现新的角度实现预期的目标。

梅里喜欢用现在比较流行的“创造性文化”来描述职场文化

和其他环境的文化，因为在这些场合，“创意文化需要有人去鼓励、支持、保护和培育，才能生根发芽，最终创意文化的真正价值才会被人理解和赏识。创意能让我们在日常各类活动中产生想象力、好奇心，引导我们去动手尝试、去分享想法。创意文化也能让我们的工作充满想象力、多样性、好奇心、实验性和新思路”。

要提升一个企业的创意文化，不妨让员工接触艺术，比如可以组织员工去博物馆进行实地参观，也可以在办公场所悬挂艺术品。“就连艺术作品的语言也像有创意的领导者说的话一样。艺术的真谛在于不走寻常路，就是要找到新的视角，发现人们以前从未注意到的东西，就是要设定愿景，并向别人传达这个愿景。这不就是领导力嘛。”

梅里说：“只要接触艺术，或者只是看看艺术品，我们就能看到新的东西，找到各种新的联系，然后会发现，提出问题、超越自我是非常自然的事。在这个方面，一些企业走在了前列，它们借助艺术的力量，鼓励员工打破固有的思维定式，寻找新的点子。”

在过去一年左右的时间里，梅里一直在玩味一个概念——少看几幅画，多投入一些时间，就能更深刻地体验艺术的精妙。这个想法是彼得·克洛西尔（Peter Clothier）在2012年的著作《慢慢欣赏》（*Slow Looking*）中提出的，现在引起了很多博物馆的关注，他们将其视为加深与观众互动的办法。

梅里把这个概念称为“现代生活的一剂解药”。通常，人们在参观博物馆时，总是会走马观花地穿梭于各个展厅，希望尽可能多看几件作品。而根据“慢享艺术”的概念，观众首先可能会在每个展厅花上半个小时大致浏览一遍，然后回到自己最喜爱的绘画前，驻足欣赏半小时。

“有时候，如果你能长时间盯着一幅画仔细品味，你会得到意想不到的收获。随着你一分一秒的持续观察，你会开始得出一些结论，形成自己的一些艺术见解，甚至获得有关创意的新发现。”梅里说。

目前尚不清楚为什么长时间的凝视会让人的想法产生脱胎换骨的变化，但其中一个理论解释是凝视久了就成了一种冥想。梅里表示：“这种欣赏形式可以改变你的思维模式，可以让你打破常规，以截然不同的视角看待问题。”

接触艺术，激发创意

如果你希望给自己的团队或者自己的工作带来一些创意，不妨学着欣赏艺术品。以下欣赏艺术的办法有助于激发创意：

1. 培养团队精神

一上来没有必要直奔主题，你可以和同事安排一个时间，去参观当地的艺术博物馆。鼓励他们谈谈自己喜欢和不喜欢的作品，让大家加深认识。“艺术品没有好坏之分，只有‘耐人寻味’和‘有点意思’的区别！”讨论展品是跨越文化、年龄和其他界限的有效办法。

2. 尝试“慢慢欣赏”法

找出一件喜欢的作品，然后驻足欣赏二三十分钟。一开始，你也许会觉得很难在这么长时间里保持一个姿势，但只要聚精会神地看，你就会慢慢看出越来越多的门道。

3. 尝试其他博物馆

梅里说，无论你身处华盛顿自然历史博物馆中的蝴蝶馆，还是在附近的美国历史博物馆欣赏第一夫人的礼服展，你都能从几乎任何一种展览中发现艺术，获得美的熏陶。如果你们对“艺术”博物馆不感冒，不妨去参观另一类展览。

4. 重新定义读书俱乐部

你是否加入了某个读书俱乐部或其他类型的社团？建议你不妨到当地的博物馆举行社团活动，转变一下例行的活动安排。

5. 参加培训班

博物馆都在探索新办法培育观众，很多学校和大学都开设了艺术方面的继续教育培训班。不妨参加这样的培训班或工作坊，提升自己的创意水平。

6. 把艺术带回家

博物馆的纪念品商店出售各种明信片和海报，艺术气息十足，价格公道，让你花点小钱就能把艺术带回家。当然，现在网络很便利，足不出户就能接受艺术的熏陶。

49

找准职业方向，勇往直前

大多数聪明的职场人士都知道，在新的工作岗位上实现良好的开局至关重要。但并不是所有人都懂得利用转型期的机遇：收拾旧工作的残局，然后把过去积累的经验变成今后发展的跳板。

比尔*是一名年轻的律师，曾任职于一家律师事务所的能源部。当他的上司带着自己的客户从该律师事务所离职后，他也被清退。比尔是以非合伙人律师的身份加入该律师事务所的，被辞退那周的周一，他还感觉职业前景一片光明，但到了周五，他就收到辞退通知，只得拿着少得可怜的遣散费和一纸箱私人物品走人。

比尔先是感到极度震惊，随之而来的是满腔的愤怒。不过，他听从了一位导师的建议，控制住了自己的情绪，并很快制订了一项让他日后飞黄腾达的计划。比尔发现，律师事务所的高级律师对于能源部的背叛行为感到非常恼火，同时也把他当成了叛徒，虽然他根本没有收到过入伙邀请。但这时他才后悔自己在任职期间没有花点工夫去结识能源部以外的同事。他最担心的是，那些和他不熟悉的前同事会说：他能力不足，因此律师事务所要辞退他，而分离出去的能源部也不愿雇用他。

他决定充分利用自己的处境，通过一个精妙的办法改变该律师事务所对他的印象，最终找到了一份新工作。离职后数日，他又系统地联系了该律师事务所的高管和员工，以具体的理由对他们每个人都表达了谢意。即使有些看来有些过了，他仍写下便条对同事情谊，对管理客户账户的培训，对他能够描述的任何善意表示感谢，字里行间没有一丝虚情假意。几年后，他继续和他们保持联系，甚至会向这家律师事务所介绍一些业务。

比尔成功地改变了前同事对他业务表现的看法。大多数人虽然都无法清楚地想起他的模样，但现在对他的评价都是积极的，他们偶尔也会向他介绍能源方面的业务。后来，当他们决定重建公司的能源业务时，就立刻想到了比尔，并重新邀请他入伙。这次，他不再是普通的职员，而是合伙人。

为你今后发展铺平道路的离职策略

无论你是被迫离职，还是迫不及待要找一个下家，在职业生涯转型期，都应该把眼光投向未来，而不是留恋过去。任何聪明人都会采取一切办法，让离职看起来优雅体面。在当今流动性很大的就业市场上，遇到以前的同事是在所难免的事。如果真碰到了，他们对你的印象可能就是你离职前几天的样子。以下有5点离职建议，供你参考：

1．提前通知

一旦决定接受另一家公司的工作机会，就应该立即告诉领导，不要等走漏风声才行动。领导也许对你的突然离职很不开心，但如果他通过别的渠道得知了这条消息，你就被动了。尽可能提前通知，通常可以提前两周或一个月，但更早会更好。然后，递交一份简明的辞呈，写明自己将在哪一天离职。

2．有话不说

你也许觉得，向同事全盘托出自己的想法一定很过瘾。千万别这么做！你现在的目标是在这家公司圆满收官，而不是对其不足之处指指点点。即使公司安排离职谈话，说话也要小心一点，因为你很难保证自己的话不被传开。

3．完成工作，圆满收场

你在这家公司上班的最后一天是展示自己有几把刷子的绝好时机。如果你无法完成项目，也要好好安排，确保后面接替你的人能立刻上手。在便条上写好具体任务、联系人和责任安排，以便帮助你的同事和接替人继续推进工作。如果你撂挑子走人，他们也会永远认为你就是这样不靠谱的人。

4．表达谢意

在脑海里回顾那些曾经对你多少有过帮助的每一个人，然后写一张感谢便条，或者走到同事办公桌前当面感谢，或者用其他合适的方式感谢他们为你所做的一切及他们对你的启发。方式要自然，不能太夸张。感谢的内容越具体，对方越能感受到你的诚意。

5．制订计划，保持联系

确保给每个同事都留下你新的联系方式，同时也保存好他们的联系方式。如果还没在领英上加他们为朋友，现在就加。你很可能会再次偶遇很多老同事，但要抛弃一切随缘的想法——你应该想想未来最需要哪些人的帮助，然后制订计划争取获得他们的帮助。

在人们频繁跳槽的就业市场，学会很有风度地说“再见”是一项重要技能。把每一个前同事都当回事儿，是在职业生涯中实现顺利转型的重要保证。

50

做一个乐天派

研究生第二学年那年是我人生的低谷期。每天长时间的工作让我疲惫不堪，我感觉自己很可怜，因为每一分学费都需要我自己去赚。冥冥中，我感觉自己毕业后找不到什么好工作。我就这样艰辛地过着每一天，我头脑中有个声音一直在说："我永远找不到工作，我永远找不到工作。"接着姐姐海伦给我传来了一则不好的消息：在一次常规体检中，弟弟迪克被查出脊柱上长了一个肿瘤。姐姐是护士，她说脊柱上长肿瘤很危险，如果肿瘤是恶性的，迪克可能时日不多了。家人立即让迪克做了切除手术。幸运的是我们很快听到了好消息：那只是一个脓肿，没有什么大碍。

第二天早上醒来，我心情一片大好。我对职业的担忧也烟消云散，我相信，一切都会好转起来的，生活充满了精彩。

接着我注意到，海伦打电话给我之前与之后，我的生活其实没有发生任何变化。但是我绝望的情绪消散了，我再次信心满满，做好一切准备面对未知的世界。对迪克病情的恐惧，让我走出顾影自怜的低谷，调整心态，展望美好的未来。

于是我开始思考：如果暂时的恐惧就能让我摆脱悲观情绪，难道我就不能主动克服吗？我知道我天性无所畏惧，但我决定从那一刻起做出更明智的决策，绝不轻易让忧虑左右自己的生活。

我尝试各种办法抑制悲观情绪，如放眼全局、屏蔽我脑海中那个悲观的声音。我发现，在乐观心态的指引下，前面的职业道路也变得宽敞平坦起来。几年后，我读到一本书，更加确信自己走在正确的道路上。那本书叫作《学会乐观：如何改变你的思想和生活》（*Learned Optimism: How to Change Your Mind and Your Life*），是心理学家马丁·塞利格曼（Martin E.P. Seligman）的力作。

马丁·塞利格曼常被誉为“积极心理学之父”，他多年来一直潜心研究人的“健康状态”，以及普通人可以通过哪些方法过得更幸福、更充实。这本书坚定了我经过反复摸索后建立的一个信念：乐观是一种选择，我们不应该被与生俱来的悲观倾向所左右。

培养乐观心态的技巧

乐观是一种积极的心态，乐观的人都预期一切事情会朝最好的方向发展。来自很多学科越来越多的研究表明，乐观的情绪可以为你的职业成功保驾护航。

另一方面，悲观情绪会降低一个人的成就水平，削弱其免疫系统，让人很容易陷入抑郁之中。在职场上，悲观态度对于需要有点危机意识的工作很有价值，比如起草法律文件时，需要往最坏的方面想。然而，即使对于律师而言，在争取客户或管理项目时，悲观的风格也是一种负担。在通常情况下，乐观者的成就更大。

一些幸运的乐观者是与生俱来的乐天派，但其他人不能因为天性不乐观而感到绝望。塞利格曼博士表示，只要对内心想法稍加修饰，就能培养乐观心态，要领就在于认识并怀疑自己的悲观想法。例如，如果内心的想法是“我不可能做好”，你可以告诉自己，现在只是开始，多加练习就一定会变得熟练起来。

我采用了塞利格曼博士提出的以下技巧，我的人生阅历和与客户合作的经历表明，这些技巧能取得很好的效果：

1. 抓住消极念头

要学会发现脑海里自动闪现的那些自灭士气的想法，尤其是当你心情不佳或心灰意冷的时候。只要自我察觉到频繁出现的消极态度，比如“无聊死了”，“不可能成功的”，就要妥善加以控制。

2. 抑制消极声音

我在第7章中提到，你可以驳斥脑海里的那个消极的声音。一旦意识到脑海中出现消极的念头，立即把它屏蔽，就像当你发现好朋友在谈话中自暴自弃时一样。如果脑海中的声音说“我太失败了”，你应该告诉自己“我完全有能力取得成功”。

3. 证伪消极念头

有一个简单的办法可以打消某个悲观想法：用事实证明，这种想法是不真实的。寻找外部证据来“证伪”一些夸大其实的悲观想法，比如“这样的事情我总是做不好”。

4．寻找其他解释

万事都有前因后果，但悲观主义者一般喜欢往最坏的方面想。他们也许会直接跳到常人能够想到的最永恒、最普遍的念头，比如“我年纪大了，不中用了”。如果你有这样的想法，不妨找到别的解释把它打消，比如“也许我这次准备不够充分，下次一定能做得更好”。

下面是更多建议，希望它们能帮助你培养更乐观的生活态度：

1．制定清单

随身携带一本小笔记本，列出脑海中反复浮现的消极短语。然后定期查看清单，并制定一张新的清单，把每一个悲观想法都变成积极的目标。例如，把“我太胖了”变成“今天我要注意饮食”。至少每天都把积极清单拿出来读一读。

2．学会欣赏

无论遇到什么事情，只要往积极的方面想，乐观的情绪就会泉涌而出。例如，如果工作的压力让你感觉心灰意冷，不妨抬高眼界，列出这份工作最让你开心的5件事，然后经常拿出来回味一番。

3．储蓄善意

每次你对另一个人说一些善意的话或中听的话，或者格外费心地去为他做一件好事的时候，至少会产生两个影响。首先，这就像在对方的“好感账户”里储蓄了一笔存款，今天付出了善意，明天某个时候一定会收获善意的回报。其次，对别人做出善意的举动也会提振自己的心境。

4. 远离唱反调的人

有时候，你根本不希望听到任何消极的对话。和悲观的人共事，你会感觉心神疲惫，整个团队也会受到拖累，甚至迷失方向。要尽量远离这种人，如果不得不和他们共事，尽量不要被他们拖下水。如果不得不对付脾气很大或蛮横无礼的客户或同事，尽量试着对他们的愤怒报以同情心。同时，想想他们的态度或行为给自己带来了哪些负面情绪，然后敞开心胸，一股脑儿地倾倒出来。

5. 找人倾诉

悲观主义者遇到困难时也许会把自己封闭在自己的小世界里，这样反而会加深悲观情绪。当事情不够顺利时，千万不要蜷缩到自己的小空间里，而应该想办法享受与人交流的乐趣。如果在某个方面遇到不顺，比如工作上碰到了烦心事，那就从生活的其他方面与人建立互动关系，找到正能量，恢复乐观态度。

6. 做最坏的打算

有强烈的悲观倾向的人自然会认为所有事情都会出差错。如果你对不受自己控制的发展态势忧心忡忡，那么提醒自己，既然无能为力，也就没有必要这样折磨自己。如果你考虑的是自己控制范围以内的事，最好制订应急计划。做最坏的打算，这样就能不会那么杞人忧天了。

7. 经常微笑

如果能学会微笑，并表现得像一个乐天派，你心中的阴霾也可能会随之消散。当别人同样以微笑回敬你的时候，这种乐观情绪就会越发高涨。

8. 外出走走

越来越多的证据表明，多开展一些户外活动可以克服轻度抑郁，散步或其他能让你出一身汗的消遣活动都能达到这个效果。很多客户跟我说，每天出去散步可让他们始终保持积极向上的心态。

9. 寻求帮助

如果你焦虑得不能自已，或者早上醒来时总是闷闷不乐，也许你应该寻求专业帮助了。很多疗法都有助于克服抑郁症，让你重拾乐观心态。例如，认知行为疗法，包括最新涌现的各种网络版疗法，都能帮助你控制情绪，打消悲观念头。

10. 多做祷告

很多证据表明，多做祷告能改善你的心境，即使你不知道自己该信仰何方神灵也无妨。

选择乐观

有时候，我们其实不需要什么技巧——只需要“选择”乐观。每天早上上班前暗示自己，我今天要以宽松的心态处理工作任务。你也许无法始终保持这种欢欣的心境，但每当客户不讲理或上司不可理喻的时候，就可以再次这样暗示自己。这样，一整天下来，你就可以有多次机会缓解自己的消极情绪，让自己看到积极的一面。有些选择的确很难，但只要多加练习，你的大脑机制就会发生变化，你会越来越容易做出积极的选择。

我自己也经过了一些周折才学会保持乐观的技巧，并认识到其背后的原因。就像所有人一样，我的职业生涯也有过大起大落。我一次又一次地发现，调整心态是度过人生低谷的法宝之一。

我已然走到职业生涯的后期，我的所作所为就是选择乐观的表现。我对职场上不断变化的新选择感到非常激动，我决定参与这个演变过程，而不是退休养老。

你也可以选择乐观，改变自己的职业生涯，丰富自己的人生历程。

祝你一切顺利！

参考文献

Allen, David. *Getting Things Done: The Art of Stress-Free Productivity*. New York: Penguin Books, 2001.

Baker, Dan, and Cameron Stauth.*What Happy People Know: How the New Science of Happiness Can Change Your Life for the Better*. Emmaus, PA: Rodale, 2003.

Begley, Sharon. *Train Your Mind, Change Your Brain: How a New Science Reveals Our Extraordinary Potential to Transform Ourselves*. New York: Ballantine Books, 2008.

Benson, Herbert, and William Proctor.*Beyond the Relaxation Response: How to Harness the Healing Power of Your Personal Beliefs*. New York: Times Books, 1984.

——. *The Breakout Principle: How to Activate the Natural Trigger that Maximizes Creativity, Productivity, and Personal Well-Being*. New York: Scribner, 2003.

Breuning, Loretta G. "What a Let-Down! When Your Happy Chemicals Dip, Your Brain Concocts Failure." *Psychology Today* (blog).

Accessed October 10, 2014. https://www.psychologytoday.com/blog/your-neurochemical-self /201107/what-let-down.

Buckingham, Marcus, and Donald O. Clifton.*Now, Discover Your Strengths*. New York: Free Press, 2001.

Buettner, Dan. *The Blue Zones: Lessons for Living Longer from the People Who've Lived the Longest*. Washington, D.C.: National Geographic, 2008.

Buzan, Tony, and Barry Buzan.*The Mind Map Book: How to Use Radiant Thinking to Maximize Your Brain's Untapped Potential*. New York: Plume, 1993.

Carnegie, Dale. *How to Win Friends & Influence People*. New York: Pocket Books, 1998.

Carson, Richard David. *Taming Your Gremlin: A Surprisingly Simple Method for Getting out of Your Own Way*. New York: Quill, 2003.

Chaleff, Ira. *The Courageous Follower: Standing up to and for Our Leaders*. San Francisco: Berrett-Koehler Publishers, 1995.

Chopra, Deepak. *The Seven Spiritual Laws of Success: A Practical Guide to the Fulfillment of Your Dreams*. San Rafael, CA: Amber-Allen Publishing, 1994.

——. *The Spontaneous Fulfillment of Desire: Harnessing the Infinite Power of Coincidence*. New York: Harmony Books, 2003.

Chopra, Deepak, and Rudolph E. Tanzi.*Super Brain: Unleashing the Explosive Power of Your Mind to Maximize Health, Happiness, and*

Spiritual Well-Being. New York: Harmony Books, 2012.

Collins, James C. *Good to Great: Why Some Companies Make the Leap—and Others Don't*. New York, NY: HarperBusiness, 2001.

Colvin, Geoffrey. *Talent Is Overrated: What Really Separates World-Class Performers from Everybody Else*. New York: Portfolio, 2008.

Covey, Stephen R. *The 8th Habit: From Effectiveness to Greatness*. Philadelphia: Running Press, 2006.

Coyle, Daniel. *The Little Book of Talent: 52 Tips for Improving Skills*. New York, NY: Bantam Books, 2012.

Cuddy, Amy. "Your body language shapes who you are." Accessed June 21, 2015.http://www.ted.com/talks/amy_cuddy_your_body_language_shapes_who _you_are.

Dalai Lama, and Howard C. Cutler. *The Art of Happiness: A Handbook for Living*. New York: Riverhead Books, 1998.

Davidson, Richard J., and Sharon Begley.*The Emotional Life of Your Brain: How Its Unique Patterns Affect the Way You Think, Feel, and Live—and How You Can Change Them*. New York: Hudson Street Press, 2012.

Dean, Jeremy. *Making Habits, Breaking Habits: How to Make Changes That Stick*. Richmond: Oneworld, 2013.

Drucker, Peter F. *The Age of Discontinuity: Guidelines to Our Changing Society*. New York: Harper & Row, 1969.

——. *Management: Tasks, Responsibilities, Practices*. New York:

Harper & Row, 1974. Duhigg, Charles. *The Power of Habit: Why We Do What We Do in Life and Business*. New York: Random House, 2012.

Dyer, Wayne W. *Excuses Begone!: How to Change Lifelong, Self-Defeating Thinking Habits*. Carlsbad, Calif.: Hay House, 2009.

Gallwey, W. Timothy, Edward S. Hanzelik, and John Horton.*The Inner Game of Stress: Outsmart Life's Challenges and Fulfill Your Potential*. New York: Random House, 2009.

Gerber, Michael E. *E-Myth Mastery: The Seven Essential Disciplines for Building a World Class Company*. New York: HarperCollins Publishers, 2005.

——. *The E-Myth Revisited: Why Most Small Businesses Don't Work and What to Do about It*. New York: CollinsBusiness, 1995.

Goleman, Daniel. *Emotional Intelligence*. New York: Bantam Books, 1995.

——. *Social Intelligence: The New Science of Human Relationships*. New York, NY: Bantam Books, 2007.

——. *The Brain and Emotional Intelligence: New Insights*. Northampton, MA: More Than Sound, 2011.

——. *Focus: The Hidden Driver of Excellence*. London: Bloomsbury, 2013. Goulston, Mark. *Just Listen: Discover the Secret to Getting through to Absolutely Anyone*. New York: American Management Association, 2010.

Hannon, Kerry. *Great Jobs for Everyone 50+: Finding Work That Keeps You Happy and Healthy and Pays the Bills*. Hoboken, NJ: Wiley & Sons, 2012.

——. *What's Next?: Follow Your Passion and Find Your Dream Job*. San Francisco, Calif.: Chronicle Books, 2010.

——. *Love Your Job: The New Rules for Career Happiness*. Hoboken, NJ: Wiley & Sons, 2015.

Heath, Chip, and Dan Heath.*Made to Stick: Why Some Ideas Survive and Others Die*. New York: Random House, 2007.

——. *Switch: How to Change Things When Change Is Hard*. New York: Broadway Books, 2010.

Horstman, Judith. *The Scientific American Healthy Aging Brain: The Neuroscience of Making the Most of Your Mature Mind*. San Francisco: Jossey-Bass, 2012.

Iacoboni, Marco. *Mirroring People: The New Science of How We Connect with Others*. New York: Farrar, Straus and Giroux, 2008.

Jaworski, Joseph, and Betty S. Flowers.*Synchronicity: The Inner Path of Leadership*.

San Francisco: Berrett-Koehler Publishers, 1996.

Jones, Beverly E. "No Girls Aloud: A Rcport on the 'report on the Status of Women at Ohio University' during the 1970s." 2005 Archives Lecture. Athens, Ohio. Lecture.

Koch, Richard. *The 80/20 Principle: The Secret to Success by Achieving*

More with Less. New York: Currency, 1999.

Korda, Michael. *Horse People: Scenes from the Riding Life*. (Illustrations by the Author.) New York, NY: HarperCollins, 2003.

Kouzes, James M., and Barry Z. Posner.*The Leadership Challenge*. San Francisco, CA: Jossey-Bass, 2008.

LaFrance, Marianne. *Why Smile?: The Science Behind Facial Expressions*. New York: W.W. Norton, 2013.

Langer, Ellen J. *Counter Clockwise: Mindful Health and the Power of Possibility*. New York: Ballantine Books, 2009.

——. *Mindfulness*. Cambridge, MA: Lifelong Books/Da Capo Press, 2010. Leonard, George. *Mastery: The Keys to Long-Term Success and Fulfillment*. New York, NY: Dutton, 1991.

Loehr, James E., and Tony Schwartz.*The Power of Full Engagement: Managing Energy, Not Time, Is the Key to High Performance and Personal Renewal*. New York: Free Press, 2005.

Maslow, Abraham H. *Motivation and Personality*. New York: Harper & Row, 1970. McGonigal, Kelly. "How to make stress your friend." www.ted.com. June 2013.

Moore, Mark H. *Creating Public Value: Strategic Management in Government*. Cambridge, MA: Harvard University Press, 1995.

Norcross, John C., Kristin Loberg, and Jonathon Norcross.*Changeology: 5 Steps to Realizing Your Goals and Resolutions*. New York: Simon & Schuster, 2012.

Pantene. “Sorry, Not Sorry.” Advertisement.Accessed June 18, 2014. https://www.youtube.com/watch?v=rzL-vdQ3ObA.

Pentland, Alex “Sandy” . “The New Science of Building Great Teams.” *Harvard Business Review*, April 2012. https://hbr.org/2012/04/the-new-science-of -building-great-teams/arl1.

Pink, Daniel H. *A Whole New Mind: Why Right-Brainers Will Rule the Future*. New York: Riverhead Books, 2006.

Pollan, Stephen M., and Mark Levine.*Second Acts: Creating the Life You Really Want, Building the Career You Truly Desire*. New York: HarperResource, 2003.

Price, Beverly Jones. *Report on the Status of Women at Ohio University*. Rep. no.213296587. Athens, Ohio: Ohio U Libraries, 1972. Print.

Pritchard, Forrest, and Molly Peterson.*Growing Tomorrow: A Farm-To-Table Journey in Photos and Recipes: Behind the Scenes with 18 Extraordinary Sustainable Farmers Who Are Changing the Way We Eat*. New York: The Experiment, 2015.

Rahe, Richard, and Tores Theorell. “Workplace Stress.” www.stress.org. The American Institute of Stress, June 2013. Web.

Rath, Tom, and Donald O. Clifton.*How Full Is Your Bucket?: Positive Strategies for Work and Life*. New York: Gallup Press, 2004.

Ryckman, Pamela. *Stiletto Network: Inside the Women's Power Circles That Are Changing the Face of Business*. New York: AMACOM, 2013.

Sandberg, Sheryl, and Nell Scovell.*Lean In: Women, Work, and the Will to Lead*.New York: Knopf, 2013.

Seligman, Martin E.P. *What You Can Change and What You Can't*. New York: Vintage Books, 1993.

——. *Authentic Happiness: Using the New Positive Psychology to Realize Your Potential for Lasting Fulfillment*. New York: Free Press, 2002.

——. *Learned Optimism: How to Change Your Mind and Your Life*. New York: Vintage Books, 2006.

Silverman, Craig. *Regret the Error: How Media Mistakes Pollute the Press and Imperil Free Speech*. New York: Union Square Press, 2007.

Strozzi-Heckler, Richard. *Holding the Center: Sanctuary in a Time of Confusion*.Berkeley, Calif.: Frog, 1997.

Sweeney, Camille, and Josh Gosfield.*The Art of Doing: How Superachievers Do What They Do and How They Do It so Well*. New York: Penguin Group, 2013.

Tracy, Brian. *Eat That Frog*. Offenbach: GABAL, 2002.

"Twenty-five Best-Mannered People of 2014." The National League of Junior Cotillions.Accessed January 2, 2015.http://www.nljc.com/tenbest mannered.html.

Watkins, Michael. *The First 90 Days: Critical Success Strategies for New Leaders at All Levels*. Boston, MA: Harvard Business School

Press, 2003.

Wheeler, Claire Michaels. *10 Simple Solutions to Stress: How to Tame Tension & Start Enjoying Your Life*. Oakland, Calif.: New Harbinger Publications, 2007.

Whyte, William Hollingsworth. *The Organization Man.*New York: Simon and Schuster, 1956.

Winston, Stephanie. *Organized for Success: Top Executives and CEOs Reveal the Organizing Principles That Helped Them Reach the Top*. New York, NY: Crown Business, 2004.

Zander, Rosamund Stone, and Benjamin Zander.*The Art of Possibility*. New York: Penguin Books, 2002.

关于作者

〔ABOUT THE AUTHOR〕

贝弗利·琼斯是职业生涯塑造大师。她早年领导了俄亥俄大学的女性发展计划，是美国第一批前往华盛顿发展的女律师，后来还成为《财富》世界500强之一的能源公司的高管。在丰富多彩的职场生涯中，她为其他职场人士和领导者提供职业指导，帮助他们不断成长，走向事业辉煌。

2002年以来，琼斯成为备受企业高管推崇的导师和顾问。她帮助不同年龄阶段的职场人士发展事业，改变职业方向，提高工作效率。她的工作地在华盛顿，但客户却遍布美国的各个角落，其中不乏美国国会、美国联邦政府机构、非政府机构、大型企业和中小企业的卓有成就的领导者。

琼斯是广受欢迎的演说家和调解人，根据客户的需求创办了很多工作室和静休所。她是俄亥俄大学沃伊诺维奇领导力与公共事务学院的客座高级专家。她在WOUB Digital公共媒体网站开通了播客，在www.clearwaysconsulting.com开通了博客，她也是推特的活跃用户：@beverlyejones。